한국의 부엌

글, 사진/김광언

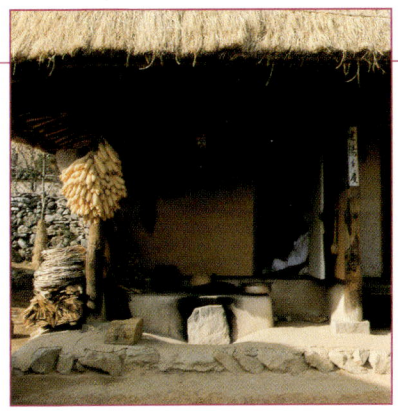

대원사

김광언 ―――――――――――
서울대 사대 국어교육과와 문리대
고고인류학과를 거쳐 일본 동경대
학 대학원 사회학 연구과(문화인류
학 전공)를 졸업했다. 전북대 조교
수와 국립민속박물관장을 역임했으
며, 현재 인하대 교수 및 박물관장
으로 있다. 저서로는『한국의 농기
구』『정읍 김씨 집』『한국의 옛집』
『한국의 민속놀이』『한국농기구고』
(출판문화상 저작상 수상)『한국의
주거민속지』『민속놀이』『김광언의
민속지』등이 있다.

한국의 부엌

책 머리에	6
부엌의 역사	8
부엌의 민속	21
부엌 지킴이	31
부엌 시설	39
부엌 세간	68
부엌의 구조	105
지역적인 차이	126
일본에 건너간 우리 부엌 문화	131
맺음말	142
참고 문헌	143

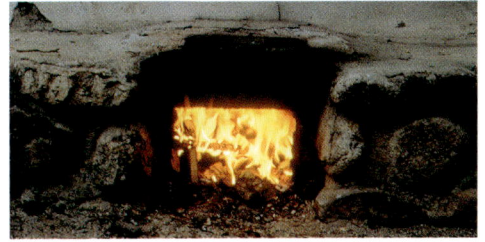

한국의 부엌

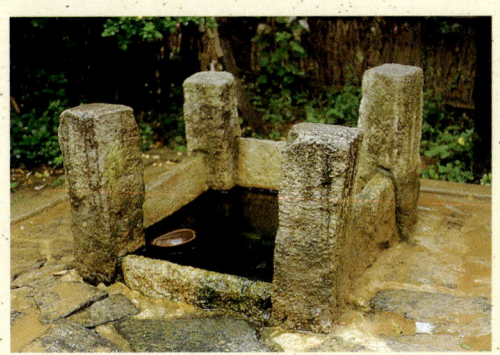

책 머리에

남정네에게 있어 부엌은 신비스럽기 그지없는 공간이다. 들여다보면 '서 발 막대를 휘둘러도 거칠 것이 없을 만큼' 휑뎅그렁하게 비었을 뿐이지만 아낙이 들어가서 왔다갔다하면 삼십 분이 채 지나지 않아 구수한 음식 냄새가 온 집안에 가득 차는 것이다.

나는 어릴 적에 '사내가 부엌에 들어오면 중요한 것이 떨어진다'는 어머니 말씀을 어겨가면서 부엌에 드나들기를 좋아하였다. 아궁이 앞에 쪼그려 앉아 타오르는 장작불을 뜻 없이 바라보는 것도 즐거웠지만, 가마솥 밥의 뜸이 거의 다 들어서 어머니가 소댕을 여실 때 뜨거운 김과 함께 얼굴에 확 끼쳐 드는 밥 냄새는 큰 황홀감을 안겨 주었던 것이다.

그리고 나는 수없는 꾸중에도 아랑곳하지 않고 부엌 안 찬장에 딸린 좁은 퇴에서 혼자 밥 먹기를 좋아했다. 지금도 부엌은 어머니처럼 느껴진다. 부엌 냄새와 어머니 냄새는 꼭 같기 때문이다.

부엌은 한 집안에서 매우 큰 비중을 차지하는 곳이고 가장 다목적으로 쓰이는 공간이다. 이곳에서 조리와 난방이 이루어질 뿐만 아니라 조왕신(竈王神)을 모시는 종교적 공간이 되기도 하고 절구질 따위를 하는 작업 공간으로도 쓰이는 것이다.

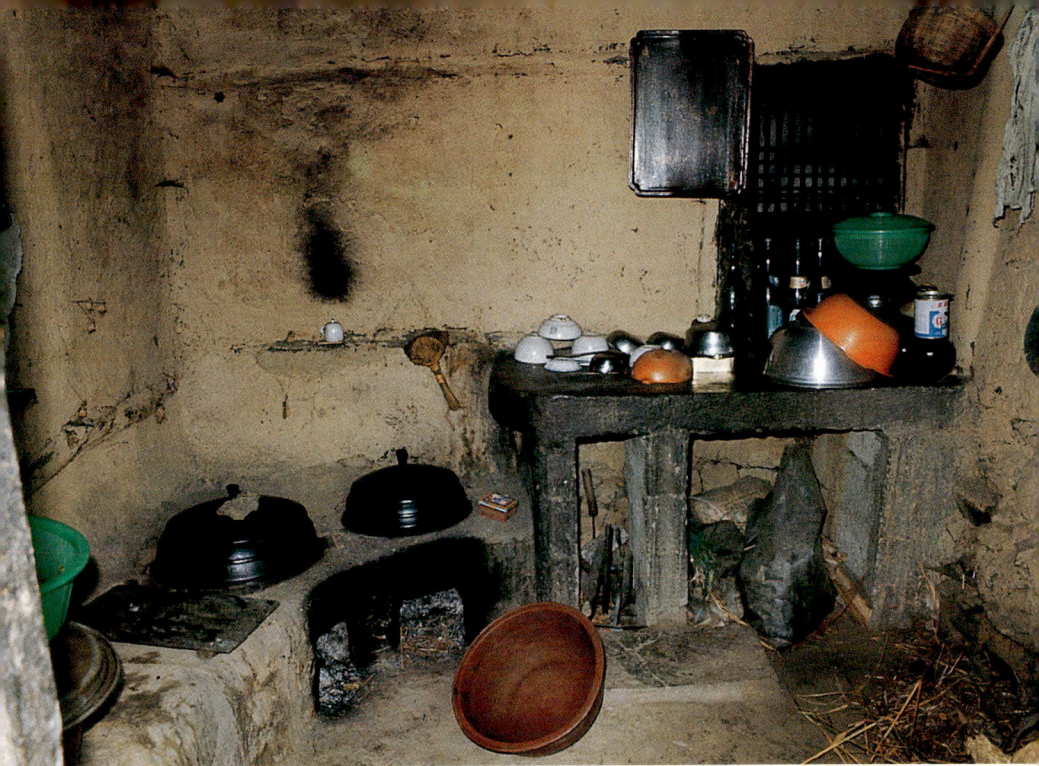

서민 가옥의 부엌　아궁이를 방과 방 모서리에 마련해 같은 자리에서 두 방에 불을 넣을 수 있다. 벽 가운데 놓인 사기로 만든 석유 등잔과 여기서 나온 그을음 자국이 눈길을 끈다.

　그뿐인가. 부녀자는 이곳에서 몸을 씻었고 아랫사람들은 밥을 먹었으며, 며느리는 시집살이의 고달픔을 달랬고 글을 모르는 이는 부지깽이를 붓 삼아 문자를 깨치기도 하였다. 따라서 부엌은 목욕간과 식당을 비롯하여 위안처와 글방 구실도 하였던 셈이다.

　또 새색시에게는 시집와서 사흘째부터 '부엌데기'가 되어 적어도 이삼십 년 동안 하루도 빠짐없이 들락거려야 하는 근무처이기도 하였다. 아낙네는 이처럼 평생의 대부분을 부엌에서 보냈다. 한 집안의 살림 뿌리는 이곳에 박혀 있었던 것이다.

부엌의 역사

    부엌의 역사는 인류 생존의 역사에 버금간다. 우리네 최초의 집인 4, 5천 년 전, 신석기시대 움집에는 부엌과 방이 따로 없었다. 부엌은 집 한가운데에 자리하였고 그 주위가 곧 방이었다. 따라서 예전에는 방이 부엌에 딸려 있었던 셈이다. 그때의 부엌 시설은 깊이 약 20센티미터, 지름 50센티미터 정도로 바닥을 우묵하게 파낸 자리에 냇돌을 둥글게 둘러놓고 불이 번져 나가지 않도록 다른 돌이나 진흙을 낮게 쌓아 놓은 것이 전부였다.

    토기를 많이 쓰게 되면서는 속이 깊은 단지를 묻어서 화덕으로도 이용하였다. 이것은 불을 일으키는 데에는 물론이고 불씨나 뜬숯 따위를 모아 두는 데에도 큰 도움이 되었다. 근래까지 함경도 지방의 겹집에 남아 있던 등디는 신석기시대 화덕의 후신이다. 부엌 살림살이라야 곡물 따위를 갈무리하려고 바닥의 일부를 떼어내고 박아 놓은 작은 항아리꼴의 흙그릇뿐이었다. 사람들은 이곳에서 불을 일으켜 먹거리를 익히거나 몸을 덥히고 집안을 밝혔다. 연기는 집 꼭대기의 구멍으로 빠져 나갔다.

    청동기시대(기원전 8~7세기)와 초기 철기시대(기원전 4세기~1세기)에 이르러 집의 평면은 원형에서 네모 내지 긴 네모꼴로 바뀌었다. 이에 따라 부엌은 한가운데에서 벽쪽으로 비켜났다.

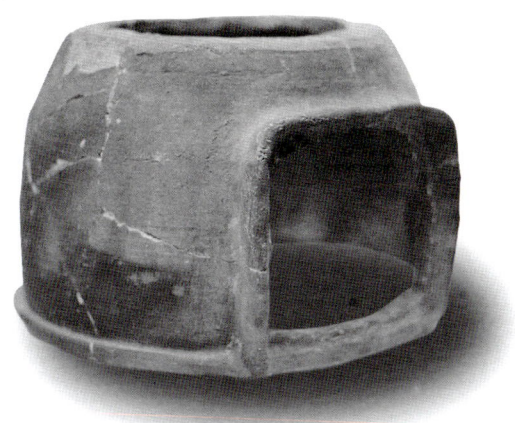

삼국시대의 질 화덕

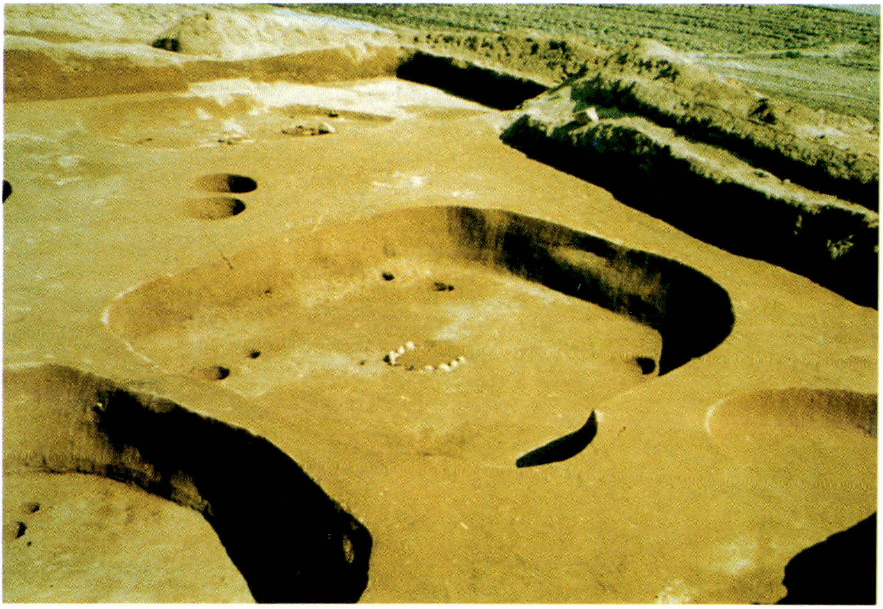

신석기시대 움집 터   신석기시대 움집에는 부엌과 방이 따로 없었다. 부엌은 집 한가운데에
자리하였고(가운데 냇돌을 둘러 놓은 곳) 그 주위가 곧 방이었다. 서울 암사동 선사 유적지.

어떤 집에서는 부엌을 집 가운데와 벽쪽 두 곳에 두었는데 벽쪽의 것은 원시적인 부뚜막 구실을 하였다. 따라서 이 무렵에는 부엌의 기능이 난방을 위한 중앙의 화덕과 조리를 위한 벽쪽의 부뚜막으로 나뉜 셈이다.

그리고 부뚜막의 연기는 벽에 쌓아 올린 진흙 굴을 통해 밖으로 내보냈다. 근래까지 강원도 산간 지대 가옥에 남아 있던 고콜이 바로 그것이다.

또 예전에는 땅을 1미터쯤 파내고 집을 세웠는데 움집이라는 말은 여기에서 비롯되었다. 이때에는 땅 위에 집을 지을 수 있었다. 이에 따라 벽과 지붕이 갈라지고 처마가 땅 위로 올라가는 큰 변화가 일어났다. 또 살림 규모가 큰 집에서는 곡물과 연장 등을 넣어 두는 곳간도 따로 세웠다.

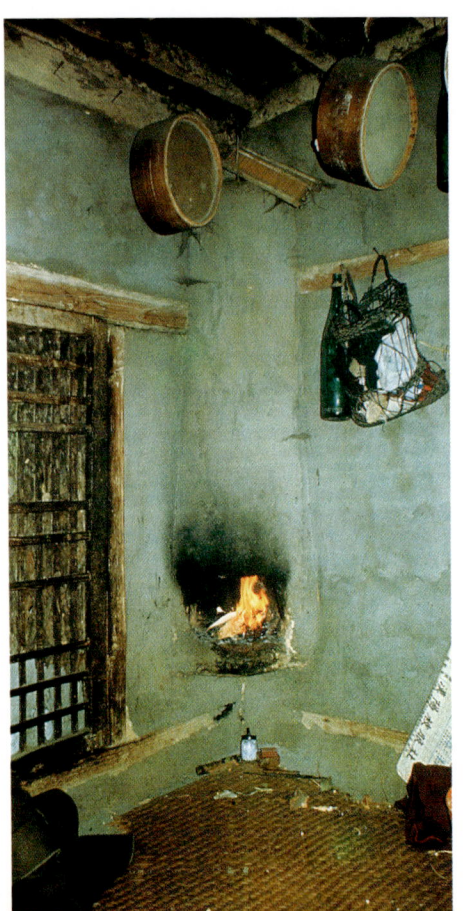

삼국시대에 들어오면서 부엌은 거의 완전한 모양을 갖추게 되었다. 이 사실은 황해도 안악에서 발견된 4세기 중엽 고구려 고국원왕(故國原王, 331~371년) 무덤(안악 3호분) 그림과 그밖의 여러 무덤 그림을 통해서 알 수 있으며, 특히 고국원왕 무덤의 부엌 그림은 여러 가지 점에서 흥미를 끈다.

부엌은 맞배지붕에 기와를

고콜 방 모서리를 진흙으로 둥글게 쌓아 올리고 아래쪽에 턱을 지어 아궁이를 붙였다. 이곳에 관솔불을 지펴서 방을 밝히는 동시에 방안을 따뜻하게 하는 효과도 거두었다. 겨울철에 아이들은 이곳에 감자나 고구마 따위를 구워 먹으며 길고 긴 겨울 밤을 지냈다.

얹은 독채이다. 궁궐이나 대갓집에서 큰 잔치를 준비하는 듯 세 아낙이 부지런히 움직이고 있다. 부엌 건물을 따로 세운 것은 음식 냄새가 안채 등에 이르는 것을 막고 화재도 예방하기 위해서이다. 이러한 독채 부엌은 조선 시대까지 이어져 내려왔는데 창덕궁 연경당의 '반빗간' 이 대표적이다. 이곳에서 일하는 여인네는 '반빗아치' 라 이른다.

부뚜막 위의 시루 앞에 선 한 여인은 오른손에 떡칼을 쥔 채 왼손에 잡은 긴 젓가락을 떡에 찔러서 잘 쪄졌는지 알아보고, 또 한 아낙은 아궁이 앞에 쭈그려 앉아 불땀을 고르며, 나머지 한 여인은 갈큇발이 달린 상 위에 그릇을 차곡차곡 쌓아 놓고 있다. 이는 아마도 떡을 담기 위한 접시일 것이다.

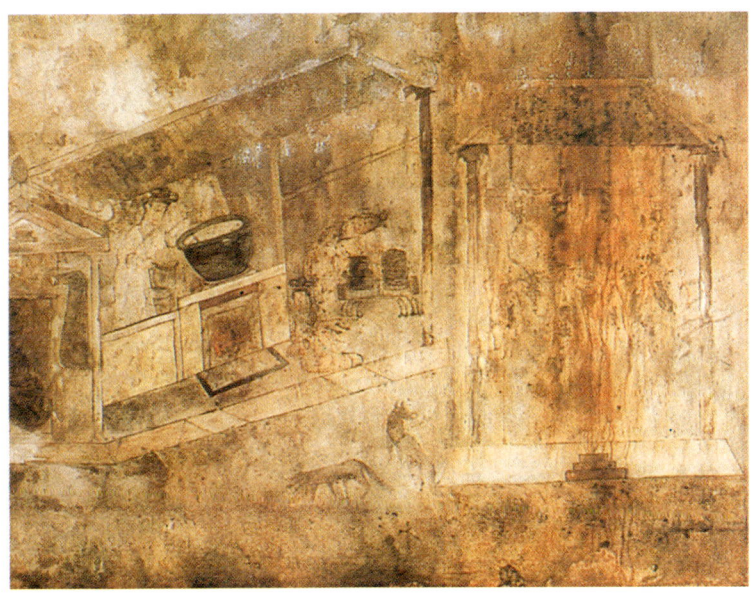

안악 3호분의 고구려 부엌 그림 맞배지붕에 기와를 얹은 독채 부엌이다. 궁궐이나 대갓집에서 큰 잔치를 준비하는 듯, 세 아낙이 부지런히 움직인다. 요즘에도 그렇듯이 부엌 강아지 두 마리가 행여 음식 부스러기라도 던져 줄까 하고 부엌 안을 바라보고 있다. 아궁이의 불은 이 집의 왕성한 기운을 상징하듯 활활 타오른다.

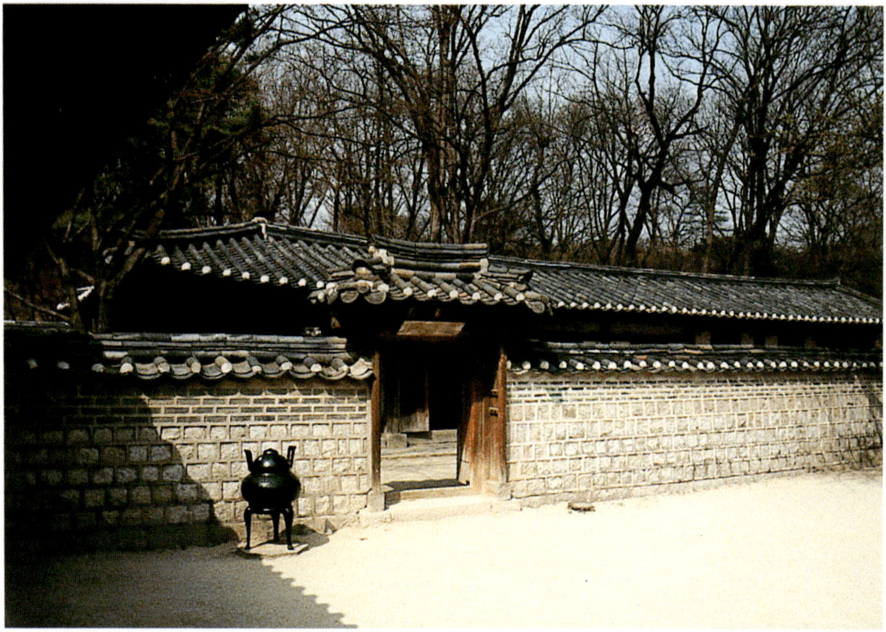

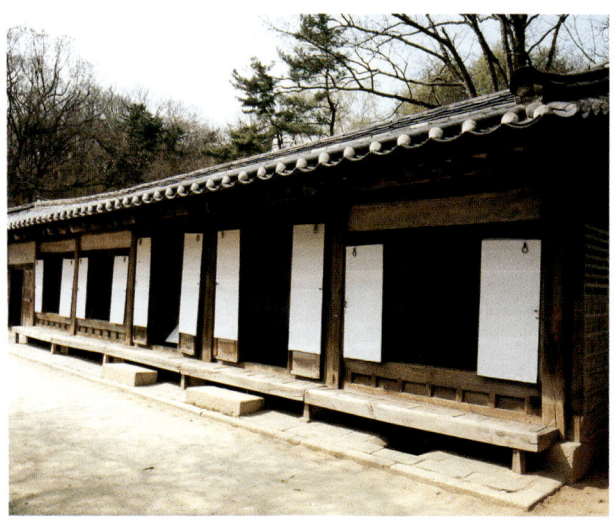

창덕궁 연경당의 반빗간 조선시대의 대표적인 독채 부엌으로 음식 냄새가 안채에 이르는 것을 막고 화재도 예방하기 위해 따로 세웠다. 위는 반빗간에 이르는 문이고 왼쪽은 반빗간 전경이다.

아궁이 불길이 거센 데에 비해 굴뚝에서 연기가 나오지 않는 것을 보면 불은 한 고비를 넘긴 잉걸불인 듯하다. 벽 밖으로 빠져 나온 오리 주둥이꼴 굴뚝은 부뚜막과 나란히 걸려 있다.

지붕 마루 한쪽에 올라앉은 까마귀에도 주의를 기울일 필요가 있다. 본디 까마귀는 솥처럼 검은 까닭에 솥의 신으로 불려 왔다. 고구려 무덤 그림에서 해를 '세 발 까마귀'로 나타낸 것도 해는 불의 상징이고 불은 검은 숯에서 타오르기 때문이다. 따라서 지붕 위의 까마귀를 부엌을 지켜 주는 신으로 보아도 좋을 것이다.

이 무덤 그림에는 디딜방앗간도 있다. 한 여인은 외다리방아질을 하고, 확이 있는 쪽의 다른 아낙은 찧은 곡식을 키에 담아 까부르는 중이다.

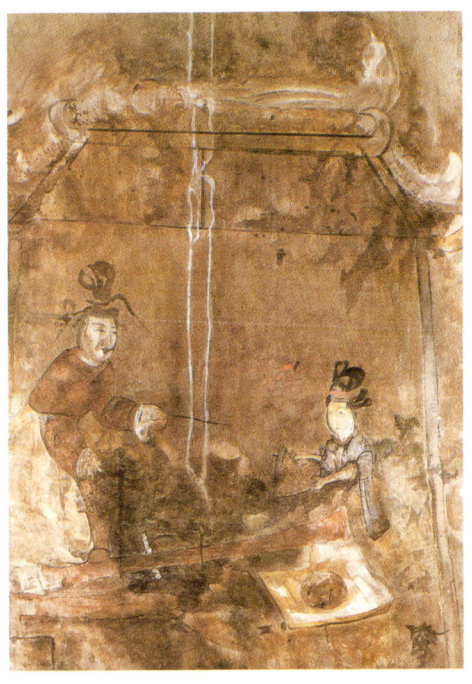

디딜방앗간 그림 한 여인은 외다리방아질을 하고, 확이 있는 쪽의 다른 아낙은 찧은 곡식을 키에 담아 까부르고 있다.

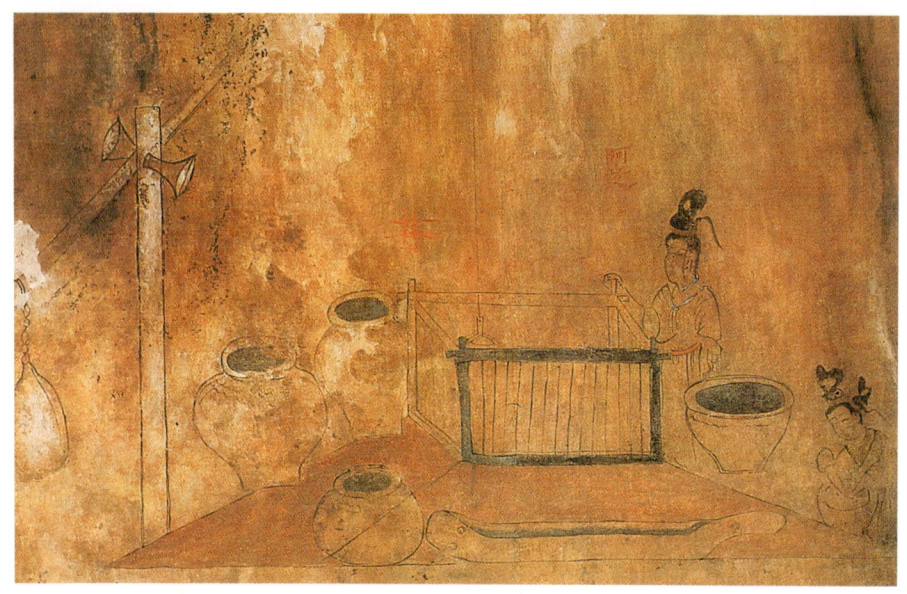

용두레 우물 그림 두 개의 배부른 항아리와 단지에 물을 길어 놓은 두 아낙네는 팔을 걷어붙이고 그릇을 씻는다. 앞쪽에 가로놓은 구유에도 물이 가득 담겨 있다.

  방앗간 역시 독채이고 방아는 외다리이다. 따라서 적어도 4세기 무렵에는 중국에서 들어온 외다리방아를 주로 썼고 우리네 발명품인 두다리방아는 이 뒤에 나온 것으로 생각된다.
  용두레 우물 모습도 인상적이다. 두 개의 배부른 항아리와 단지에 물을 길어 놓은 두 아낙네는 팔을 걷어붙이고 그릇을 씻는다. 앞쪽에 가로놓은 구유에도 물이 가득 담겨 있다. 이것은 우물 앞을 오가는 마소를 위한 것이다. 우물에 세워 놓은 방틀 또한 오늘날의 것과 꼭 같다. 용누레 우물은 1970년대 중반까지도 우리나라 남부 지역에서 널리 쓰였다.
  한편, 평안남도 강서군 강서면 약수리 무덤에 그려진 한뎃부엌도 굴뚝이 부뚜막에 나란히 걸린 것을 빼면 오늘날의 것과 같다. 여름철에 한꺼번에 많은 손님을 치러야 하는 절간이나 농가에서는 부엌 곁이나 뒤란 등에 한뎃부엌을 만들어 따로 솥을 걸고 음식을 끓인다. 구들에 불길을 들이지 않기 위해서이다.

우리는 앞의 두 가지 보기를 통해서 적어도 5세기 무렵에는 굴뚝을 부뚜막이나 한데아궁이의 뒤쪽에 직각으로 붙이지 못하고 이들과 나란히 낸 사실을 알 수 있다. 이 밖에 많은 철제 부뚜막들 또한 굴뚝이 나란히 붙은 것을 보면 이러한 전통은 꽤 오랫동안 이어져 내려온 듯하다. 오늘날과 같은 '직각 굴뚝' 은 아마도 구들 시설이 널리 퍼지면서 생겨났을 것이다.

또 말을 먹이기 위한 마구간과 소를 키우는 외양간도 따로 세웠다. 이 무덤 그림에서는 길고 큰 나무로 구유를 만든 까닭에, 세 마리의 마소가 한꺼번에 들어서서 여물을 씹고 있다.

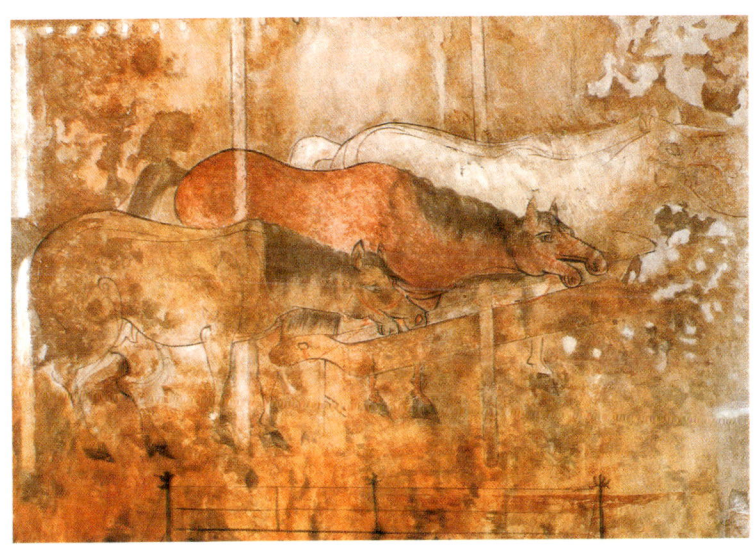

마구간 길고 큰 나무로 만든 구유에 세 마리의 마소가 한꺼번에 들어서서 여물을 씹는다. 이처럼 큰 구유는 오늘날에도 강원도 산간 지대에 흔하다.

이처럼 큰 구유는 오늘날에도 강원도 산간 지대에서 흔히 볼 수 있다. 푸 줏간을 따로 둔 것도 눈길을 끈다. 푸줏간에는 노루, 돼지, 닭, 꿩 따위가 천 장에서 내린 갈고리에 걸려 있다.

마선구 1호 무덤 벽화에는 귀틀식 다락 창고도 보인다. 네 귀에 세운 기 둥 중간에서 나무를 정(井) 자꼴로 쌓아 올려서 벽을 꾸민 건물로 쥐 따위 의 침입을 막는 데에 안성맞춤이다.

예전에 산간 지대에서 살던 가난한 이들은 집의 벽체를 이렇게도 꾸몄 는데 이것이 귀틀집이다. 옛 고구려 강역이었던 중국 동북 지방에서는 지 금도 널리 쓰이고 있으며 우리네 강원도 산간 지대에도 최근까지 남아 있 었다. 그러나 근래에는 쥐도 꾀가 늘어서 건물 바닥을 땅에서 높여 놓은 것 만으로는 효과를 거두지 못하는 까닭에, 바닥이 시작되는 부분에 전등에 씌우는 갓을 잡아매 두기도 한다.

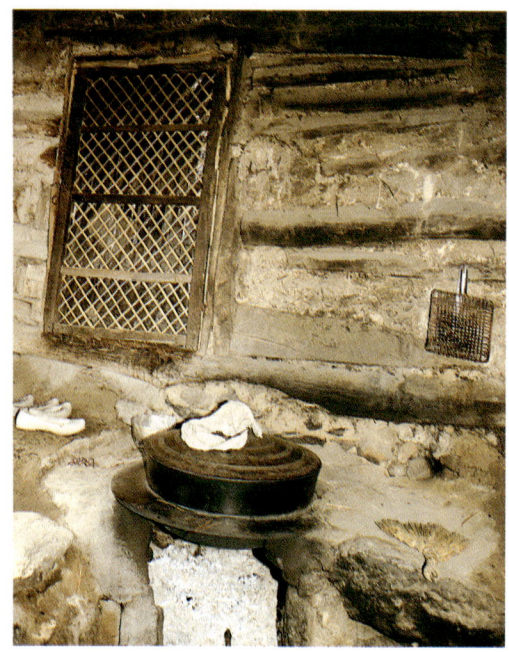

울릉도 나리분지 귀틀집 의 부뚜막 둥근 나무를 가로세로 얽어서 벽체를 만든 귀틀집 부뚜막이다. 가난한 살림 탓인지 덩그 러니 솥 한 개만 올라앉았 다. 방으로 드나드는 외짝 대살문도 눈길을 끈다.

우리네 귀틀집 양식은 일본에 건너갔다. 역대 일본 궁중의 보물을 모아 둔 나라시(奈良市) 토오다이지(東大寺) 곁의 쇼소인(正倉院)은 그 대표적인 보기이다.

우리네 부엌에 대한 최초의 기록은 3세기경의 중국 사서인 『삼국지』 '변진전'에 있다. 그 내용은 '부엌이 대체로 서쪽에 있다(竈皆在戶西)'는 한 구절뿐이지만, 이 관습이 오늘날까지 이어져 내려온 점을 생각하면 관심을 기울이지 않을 수 없다.

옛분네들은 산을 등지고 남향으로 앉은 집을 첫손에 꼽았다. 오죽했으면 '삼대를 이어서 좋은 일을 해야 남향집에 살 수 있다'는 말이 나왔겠는가? 뒷산은 겨울의 매서운 서북풍을 막아 주고, 남향으로 앉은 집은 햇살을 남김없이 받아들이게 마련이다. 겨울이 길고 추위가 심한 우리나라에서는 이보다 더 좋은 집터는 없는 것이다. 따라서 앞 구절은 '남향집에서 부엌을 서쪽에 두었다'고 새기는 것이 옳다. 이 경우 밥을 풀 때의 주걱질은 자연히 집 안쪽을 향하게 마련이다. 그러나 부엌이 동쪽에 있으면 주걱의 끝은 집 밖으로 향한다. 부엌을 서쪽에 둔 것은 바로 이 때문이다. 곧 주걱질을 집 안쪽으로 하면 복을 불러들이지만 그 반대가 되면 그나마의 복을 몰아내는 결과가 된다고 여긴 것이다.

조선시대에도 이러한 관습은 그대로 지켜졌다. 1776년에 유중림(柳重臨)이 낸 『증보산림경제(增補山林經濟)』의 '부엌을 서남쪽에 두면 좋지만 서북쪽에 두면 나쁘다'는 내용이 그것이다. 이 풍속은 오늘날에도 남아 있다. 목수들은 집을 지을 때 부엌 자리를 '물이나 쌀을 들여 푸는 방향'에 두는 것을 원칙으로 삼는다. 뿐만 아니라 일반 가정에서도 키질을 할 때 집 밖을 향해서 까부르면 복이 달아난다고 믿는다.

부엌을 서쪽에 두는 또 하나의 중요한 이유로는 음양 오행 사상을 들 수 있다. 음과 양을 잣대로 삼으면 양은 동의 방향이고 음은 서의 방향이다. 조선시대 상류 가옥에서 남자의 공간인 사랑채나 사당을 동쪽에, 여성 공간인 안채 따위를 서쪽에 배치한 것은 이 때문이다.

이와 같은 원칙은 궁궐에서도 지켜졌다. 창덕궁 대조전의 경우에 대청 오른쪽의 '동온돌'에서는 임금이, 왼쪽의 '서온돌'에서는 왕비가 기거한 것이다. 따라서 이러한 관점에서 보면 여성 공간인 부엌이 서쪽에 배치되는 것은 당연한 일이기도 하다. 줄다리기와 같은 민속 놀이에서도 '암줄은 서부', '수줄은 동부'라 일컫는다.

부엌이라는 말이 처음 나타난 문헌은 1481년에 나온 『두시언해(杜詩諺解)』 초간본으로 여기에는 '브석'으로 올라 있다. 이 말은 1632년에 발간된 중간본에서 '브억'으로 바뀌었고 이보다 60년쯤 뒤에 나온 1690년의 『역어유해(譯語類解)』에서는 '부억'이 되었다. 따라서 오늘날의 부엌은 브석→브억→브억→부엌의 과정을 거쳐 굳어진 것이다.

한편 『훈민정음』 '해례'나 『두시언해』(권 8:21)에는 '브섭'이라는 이름도 보인다. 부엌의 어원은 뚜렷하게 밝혀지지 않았으나 부뚜막을 뜻하는 만주 말 'fushu'나 올차 말 'pusku', 또는 골디 말인 'puksu'에 비정하는 이도 있다. 또 어떤 이는 부엌의 '부'가 불에서 왔다고 한다. 그 증거로 부싯돌, 부지깽이, 부뚜막, 불갈구리, 부대기〔火田〕 따위를 든다. 그리고 부엌의 '엌'은 장소를 나타내는 접미사라는 것이다. 이 주장에 따르면 부엌은 본디 '불때는 곳'이라는 뜻을 지녔으나 뒤에 '밥이나 음식을 만드는 데'로 바뀐 셈이다.

부엌을 영남과 일부 호남 지역 그리고 함경도 지방에서는 '정지' 또는 '정주'라고도 하는데 이것은 '정주간'에서 온 것으로 보인다. 이곳의 겹집은 방이 전(田) 자꼴로 배치되며 이 때문에 '전자집'이라고도 한다. 방 앞으로는 정주간과 부엌 그리고 외양간과 디딜방앗간이 이어진다. 부엌과 정주간 사이는 터져 있으며 정주간 앞쪽에 솥을 걸고 불을 땐다. 따라서 음식은 정주간에서 만들고 부엌은 외양간과 디딜방앗간을 잇는 중간 공간에 지나지 않으며 밖에서 정주간으로 드나드는 통로 구실을 할 뿐이다.

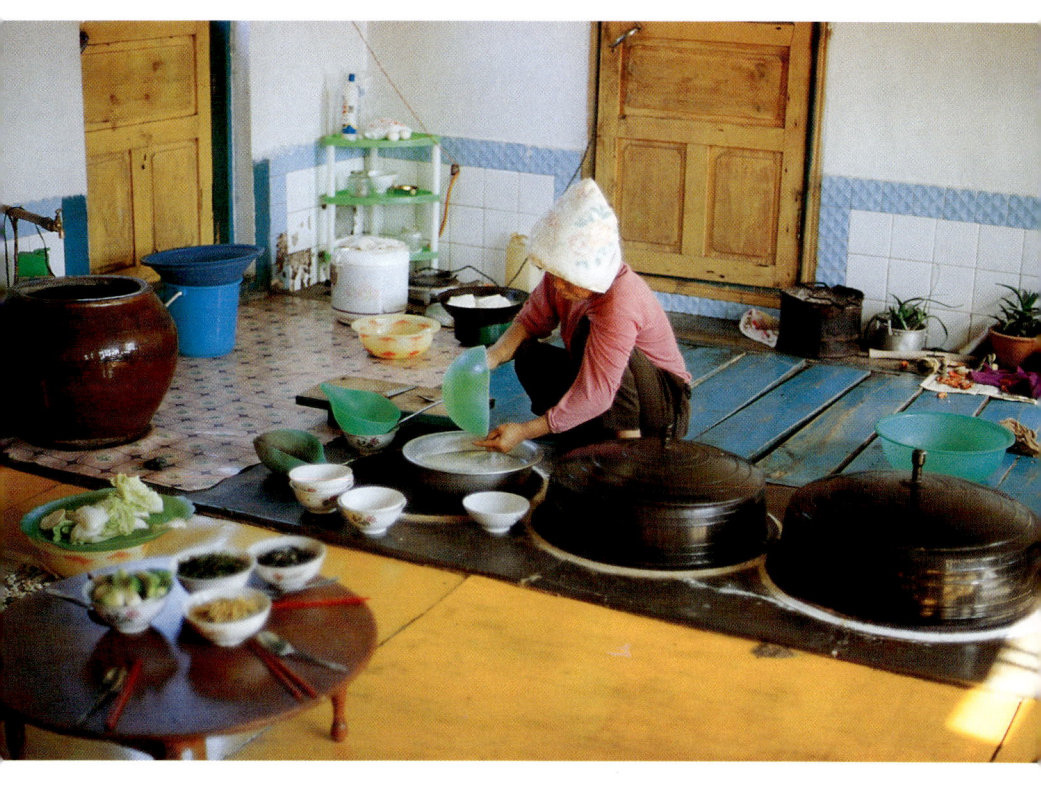

정주간과 가마목 정주간에 이어 달린 가마목에서 아낙이 음식을 마련을 하는 모습이다. 왼쪽의 큰 항아리는 두멍이다.

정주간은 집안에서 가장 너르고 또 제일 따뜻한 장소인 까닭에 손님도 이곳에서 맞으며 식구들이 둘러앉아 음식을 먹고 밤에는 노인과 어린이들이 잠을 잔다. 제사와 혼례는 물론이고 집을 지키는 신도 이곳에 모시는 점에서 중부 이남의 대청처럼 중심 공간의 구실을 하는 것이다.

일부 지방에서 부엌을 '정지' 라 부르는 것은 이처럼 음식을 만드는 일이 부엌이 아닌 정주간에서 이루어지는 까닭이 아닌가 생각된다. 전라도의 일부 지역에서 부뚜막을 부엌이라 하고 평안북도의 심마니들이 솥이나 음식 만드는 이를 '정재' 라 부른 것도 같은 이유일 것이다.

'정지' 나 '정주' 라는 말의 뿌리는 어디서 찾을 수 있을까? 그것은 중국 동북 지방(옛 만주)의 흥안령 기슭에서 살아온 오로촌족 말에서 나왔을 가능성이 높다. 둥근 천막에서 사는 이들은 입구에서 마주보이는 화덕 곁을 '말로' 또는 '말루' 라 부르고 입구의 오른쪽은 '정지뒤(juingidui)' 라고 한다.

말로는 집안의 중심 공간으로 주인이 기거하며 이곳에 여러 신을 받드는 점에서 이름 뿐만 아니라 기능도 우리네 마루와 같다. 말루에 가까운 정지뒤에는 남자가 앉고 입구 쪽에는 여자가 앉으며 밤에는 젊은 부부가 잠을 잔다. 말로처럼 정지뒤도 우리에게 들어와 '정주' 또는 '정지' 로 바뀌었을 것이다.

한편 1576년에 나온 유희춘(柳希春)의 『신증유합(新增類合)』에서는 '주(廚)' 를 '정듀 듀' 로 새겼고 이보다 뒤인 1608년에 나온 허준(許浚)의 『언해태산집요(諺解胎産集要)』에는 '정주' 로 올라 있다.

부엌의 민속

부엌은 매우 중요한 공간이었기에 우리 옛분네들은 이에 쓰는 흙조차 엄격하게 가려 썼다. 다음은 홍만선(洪萬選)이 쓴 『산림경제(山林經濟)』의 내용이다.

반드시 새 벽돌을 마련하여 잘 씻고 깨끗한 흙에 향수를 섞을 것이며 흙을 이길 때에는 벽체의 것은 쓰지 않는다. 이를 섞으면 나쁘기 때문이다. 돼지의 간을 섞어서 흙을 이기면 아낙이 부드러워진다. 무릇 부엌을 만들 때에는 먼저 땅 거죽을 한 뼘쯤 거두어 낸 다음, 그 아래의 깨끗한 흙을 써야 한다. 그리고 이때에는 정화수(井華水)에 향수를 섞어서 이기면 크게 이롭다.

이러한 내용은 중국 원나라 때 서책 『민가필용(居家必用)』에서 따온 것이어서 당시에 얼마나 지켜졌는지 알 수 없지만, 부엌을 성스럽게 여긴 나머지 여러 가지 금기를 지키려고 애썼던 것만은 분명하다.

이 밖에 5월의 용날에는 돼지를 잡아 고사를 올렸고, 4월과 5월에도 이와 같이 하였다. 또 누에를 치는 집에서는 부엌에서 정월의 소날, 흰 닭을 잡고 누에가 탈없이 잘 자라게 해 달라고 고사를 지냈다.

한편 19세기 중반기에 나온 홍석모(洪錫模)의 『동국세시기(東國歲時記)』에도 '꼭두새벽에 종각 네거리(지금의 종로 네거리)의 흙을 파다가 집 네 귀퉁이에 뿌리거나 부뚜막에 바르면 부자가 된다'는 기록이 보인다.

이를 닮은 내용은 비슷한 시기에 유득공(柳得恭)이 지은 『경도잡지(京都雜志)』에도 들어 있다. 민간의 '복토 훔치기'가 그것이다. 음력 정월 열 나흗날 저녁, 가난한 집 사람이 부잣집에 몰래 들어가서 대문 안의 흙을 훔쳐 가지고 집에 돌아와 이튿날 부뚜막 위에 놓거나 부뚜막에 바르면 그 해에 운수가 터져서 부자가 된다는 것이다. 한편 부잣집은 부잣집대로 흙을 도둑맞으면 복을 그만큼 잃는 것으로 여겨서 밤새 지키는 것이 관례였다.

이 민속은 흙에서 만물이 자라는데다가 여러 사람이 밟은 흙에는 많은 복이 깃들어 있다는 생각에서 나왔을 것이다. 그리고 흙부뚜막은 시간이 지나면서 흙이 조금씩 흘러내리게 마련이므로 새 흙을 덧발라 줄 필요성이 있었던 것도 사실이다. 이와 같은 민속은 일본에 건너갔다. 그 곳에는 설달이 되면 '부뚜막 바르시오' 하고 외치며 다니는 사람이 따로 있었다. 그러나 부유한 집에서는 새해 맞이를 위해 좌관(左官)을 불러서 이 일을 맡기는 까닭에 그에게 돌아가는 일감은 많지 않았다고 한다.

부엌에서는 불을 다루므로 화재 예방에도 각별한 관심을 기울였다. 그가

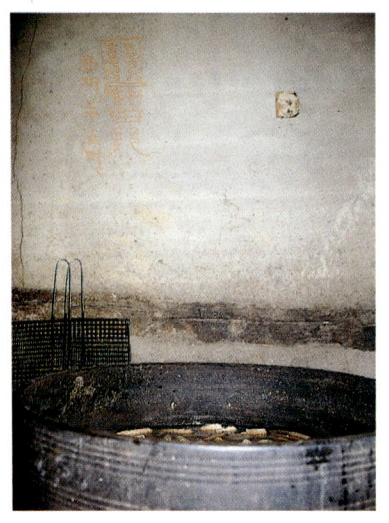

화재 예방을 위한 부적 부엌에서는 불을 다루므로 화재 예방에 각별한 관심을 기울였다. 그래서 부엌 벽에 부적을 붙여 놓거나 글귀를 적어 놓는다.

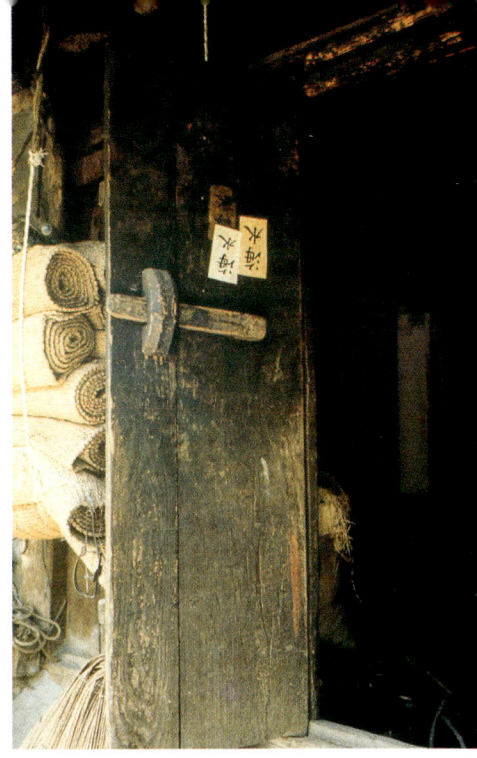

문에 거꾸로 붙인 해(海)와 수(水) 부엌은 하루에도 몇 번씩 불을 다루는 곳이라 화재가 나기 쉽다. 이를 막으려고 해수(海水) 두 글자를 그것도 거꾸로 붙여 놓았다. 혹 불이 일더라도 '바닷물이 하늘에서 쏟아지듯 꺼줍소서' 하는 뜻이다. 이만한 마음가짐이면 화재는 일지 않을 것이다.

운데 하나가 부엌 문지방이나 보꾹에 바다 해(海) 자나 물 수(水) 자를 쓴 종이를 거꾸로 붙이는 방법이다. 이는 물이 위에서 쏟아지는 형상이므로 비록 불이 일더라도 곧 잡을 수 있으리라 여긴 것이다. 전라남도 승주읍 선암사에서는 앞의 두 글자를 부엌 널벽에 파 놓았다.

아궁이 앞에 쪼그려 앉아 불을 때려면 불똥이 튀기 십상이다. 불똥은 스스로도 튀지만, 거지반은 사람이 불땀을 두드리기 때문에 사방으로 흩어진다. 시집살이에 지치고 시누이의 등쌀에 분이 오른 며느리가 두드리는 부지깽이 탓이다. 담이 큰 며느리는 이에 그치지 않고 부엌에 들어온 강아지 뱃구력을 걷어차서 개의 비명이 온 집안을 덮는 일도 드물지 않았다. '부엌 강아지 살쪘어도 맛은 없다'는 속담은 이에서 나온 것이다. 강아지를 귀여워하는 며느리가 거두어 먹이기를 잘하여 살은 올랐지만, 이따금 느닷없이 걷어차이기 때문에 이른바 스트레스가 쌓여 고기 맛이 떨어진

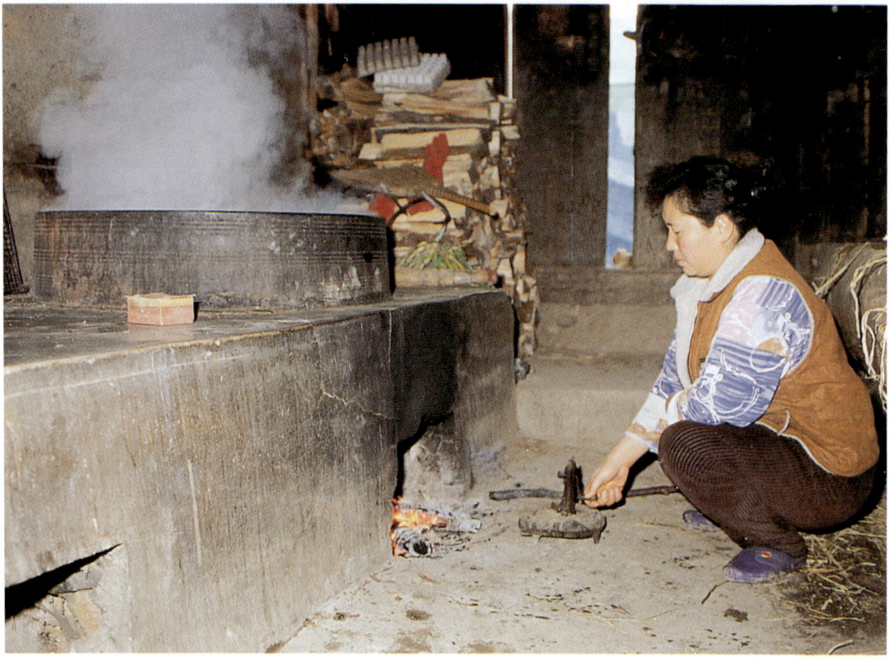

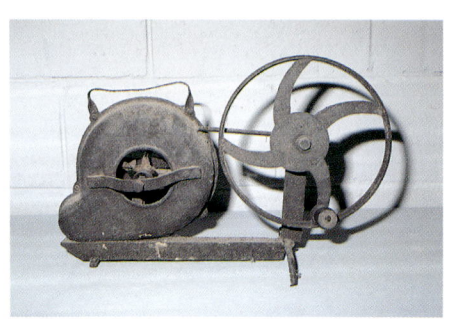

아궁이에 불때기 아낙이 큰 가마솥에 소 여물을 쑤고 있다. 불땀을 일으키기 위해 풍구질을 한다.(맨 위)

풍구 손으로 돌려서 바람을 일으키는 기구이다.(위)

다는 것이다.

한편, 부지깽이에 튀긴 불똥들은 생각도 없이 두드린 사람의 치마 말기로 옮아가 구멍을 내고 마는데 이것은 반드시 붉은 헝겊으로 기워야 한다. 그렇게 하지 않으면 잡귀가 몸 속으로 들어가 온갖 나쁜 짓을 저지르고 임산부는 아이를 지우게 된다고 여긴 까닭이다. 따라서 구멍 난 치마는 곧바로 꿰매 입어야 했다. 붉은 천에는 잡귀를 물리치는 힘이 깃들어 있다고 한다. 흰 치마에 붉은 헝겊을 대면 누구의 눈에나 대번에 띄게 마련이다. 이것을 본 아낙네들은 생귀가 붙었다고 손가락질을 하였고, 고샅길에서 맞닥뜨렸을 때 침을 세 번 뱉고 돌아서는 이도 있었다. 이러한 민속은 불을 조심히 다루라는 뜻에서 나왔을 것이다. 시집 식구가 미운 나머지 불땀을 후려치는 바람에 불똥이 튀어서 구멍이 난 것을 안 시어미가 앙갚음의 수단으로 이러한 풍습을 지어냈다는 설도 있으나 믿을 것은 아니다.

예전에는 상류 가옥에도 목욕간이 따로 없어서 부인네들은 부엌을 목욕간으로도 이용하였다. 문을 닫아 걸고 솥에 데운 물을 함지 등에 옮겨 담아 몸을 씻었다. 이때에는 겉옷을 걸친 채 몸을 부분적으로 씻어 나가는 것이 이른바 양반댁네의 법도였다. 비록 목욕을 하는 경우에도 옷을 모두 벗는 것은 예의에 어긋나는 일로 여겼기 때문이다. 남자들은 한술 더 떠서 평생 옷을 입고 버선을 신은 채 지냈으며, 목욕은 아예 할 생각조차 먹지 않았다. 그들은 한 해 서너 차례 바지를 벗어 흔들어서 그 안의 때를 털어내는 것이 고작이었다. 때도 오래되면 희어지는지, 이를 '백때떨기' 라 일렀다.

글에 주린 아낙네는 부지깽이를 붓 삼고 부엌 바닥을 종이 삼아 한글을 깨쳤다. 글 모르는 백성의 안타까움을 걱정한 나머지 한글을 만든 세종 임금도 '여자가 글을 알면 나라를 그르치게 될 것' 이라 하여 배우는 것을 막았으니 일반 백성들의 경우야 더 말할 것이 무엇인가. 예전 부인네들은 그 바쁘고 바쁜 틈을 쪼개서 부엌 한글을 익혔다. 부엌은 곧 글방이기도 하였던 것이다.

부엌 바닥은 평평하지 않고 우툴두툴해야 먹을 복이 많다고 여겼다. 따라서 부엌 바닥에는 어린아이 주먹 크기의 단단하게 굳어진 흙덩어리가 촘촘하게 깔려 있었고, 이사 때 이것까지 거두어 가는 집도 있었다. 이는 부엌 바닥이 평평하면 바람이 불 때 흙먼지가 일기 쉬운 데에서 비롯된 속신일 터이다. 그러나 이러한 바닥은 물기를 머금으면 미끄러지기 십상이므로 여간 조심하지 않으면 안 된다.

부엌이 여성 전용의 공간인 점에 대해서는 다시 말할 여지가 없다. 앞에서도 들었듯이 남자는 어린이일지라도 이곳에서 얼쩡거리면 중요한 것이 떨어진다며 쫓았던 것도 이 때문이다. 부엌에서의 아낙네의 권한은 '신성불가침'이었던 것이다. 그리고 아무리 큰 대갓집일지라도 안채 외의 다른 건물, 예컨대 바깥채나 사랑채 따위에는 부엌을 두지 않았다. '남녀유별'의 덕목을 지키기 위해서였다.

부엌의 주인공은 며느리이다. 갓 시집온 며느리는 사흘이 지나면서 부엌에 드나드는 것이 관례였다. 그리고 그네는 자신의 며느리를 맞기까지 이십여 년 동안 거의 하루도 빠지지 않고 들락거려야 하였다. '안방에 가면 시어머니 말이 옳고 부엌에 가면 며느리 말이 옳다'는 속담은 바로 이를 가리키는 것이다. 또 며느리의 됨됨이는 부엌 살림을 얼마나 잘하는가를 가지고 잰다는 뜻에서 '이웃집 새 처녀도 내 정지에 들여세워 보아야 안다'고도 하였다.

『산림경제』에서는 부엌에 대한 다음과 같은 금기를 들었다.

1. 부엌과 우물이 마주보고 있으면 남녀가 문란해진다.(우물에는 남정네들도 오가므로 남녀의 눈이 마주치는 것을 경계하는 말이다.)
2. 부엌이 대문과 마주보거나 대청 뒤에 부엌을 두면 나쁘다.(밖에서 부엌이 들여다보이면 좋지 않은 일이 일어나기 쉽다는 뜻이다. 또 대청 뒤에 부엌이 있으면 음식 냄새가 퍼질 뿐 아니라 소리도 시끄럽기 마련이다.)

3. 부엌과 우물이 제자리를 찾지 못하면 가난해진다.(부엌과 우물은 집 안의 기본적인 시설임을 일깨우는 말이다.)

4. 무너진 부엌 위를 밟으면 부스럼을 앓게 된다.(부엌이 비록 허물어졌 더라도 함부로 다루지 말라는 뜻이다.)

5. 여자가 부엌에서 제사를 지내면 상서롭지 못하다.(여자가 부엌에서 제사를 지내는 것은 비정상적임을 일깨우는 말이다.)

6. 부엌을 향해서 꾸짖으면 나쁘다.(부엌에서 일하는 이의 기분을 나쁘게 하면 좋지 않다는 뜻이다.)

7. 부엌을 마주보며 시를 읊거나 노래를 하거나 울어서는 안 된다.(부엌 에서의 비정상적인 일을 경계한 말이다.)

8. 칼이나 도끼를 부엌 위에 두어서는 안 된다.(위험한 기구를 허술하게 다루지 말라는 뜻이다.)

9. 키질을 해서 부엌으로 까불어 넣으면 집안이 불안하다.(이렇게 하면 부엌으로 먼지가 날려 들어간다.)

10. 더러운 흙을 부엌 앞에 깔아서는 안 된다.(부엌은 음식을 만드는 공간 이므로 깨끗하게 다루어야 한다는 뜻이다.)

11. 부엌의 불로 향불을 피워서는 안 된다.(조상님을 위한 제사에는 온갖 정성을 기울여야 한다는 말이다.)

부엌을 이처럼 위하면서도 한편으로는 대수롭지 않게 여기는 심리도 있었다. 누구나 쉽게 할 수 있는 것을 이루어 놓고 이를 자랑하는 사람을 이르는 '부엌에서 숟가락 얻었다'는 속담이 그것이나. 또 부엌에서 일하 는 아낙네에 대해서도 부엌네, 부엌데기, 부엌쇠 등으로 불렀고 근래에는 '솥뚜껑 운전수'라는 말을 쓰기도 한다.

절간에서는 한꺼번에 많은 음식을 마련해야 하므로, 일을 여럿이 나누 어 맡으며 이들을 부르는 이름 또한 다르다.

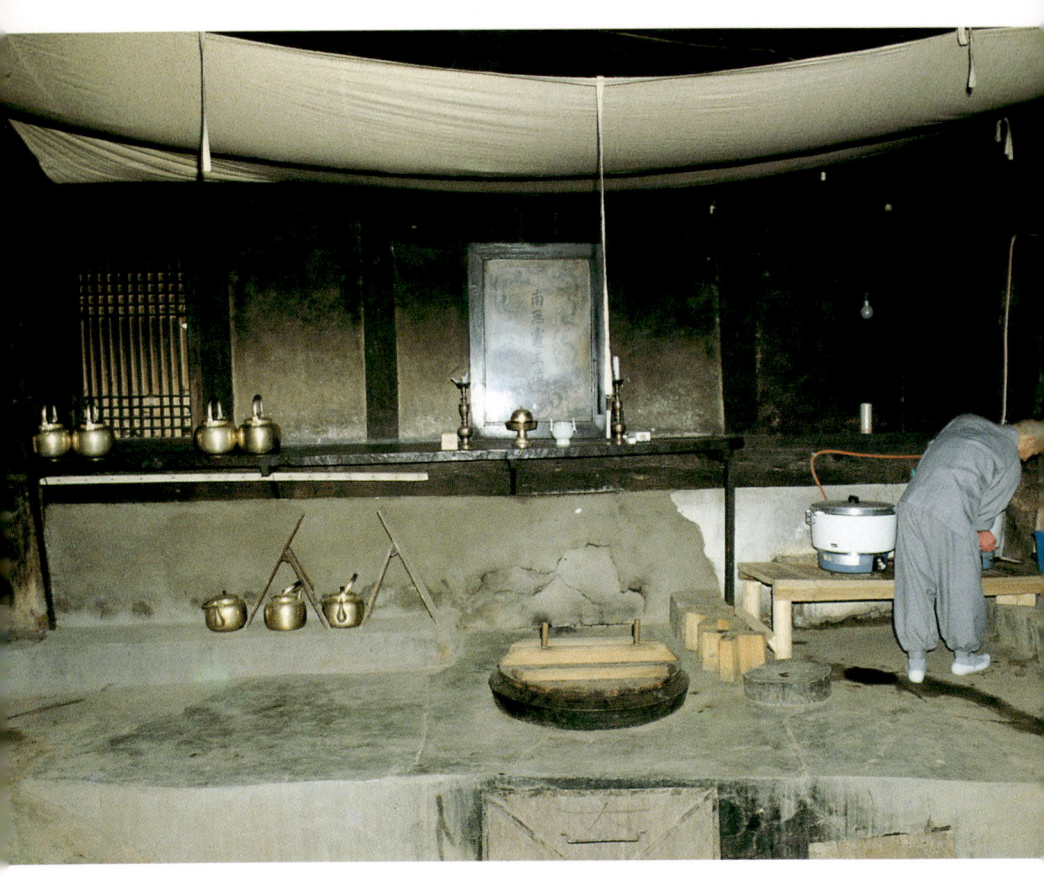

선암사 부엌 부처님께 올릴 공양을 짓는 신성한 자리인 까닭에 행여 보꾹에서 그을음이라도 떨어질까 걱정하여 부뚜막 위로 천을 쳐 놓았다. 가운데의 그림은 조왕신이다.

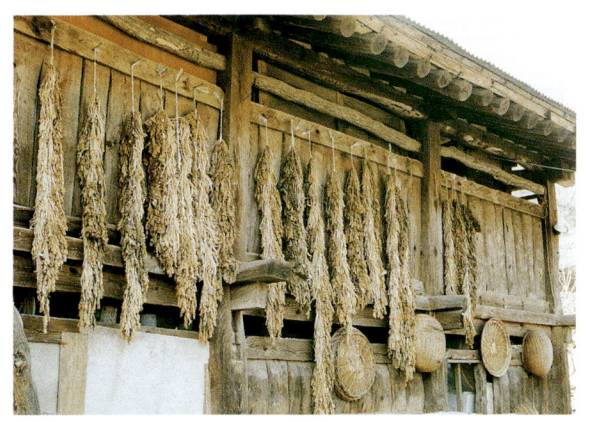

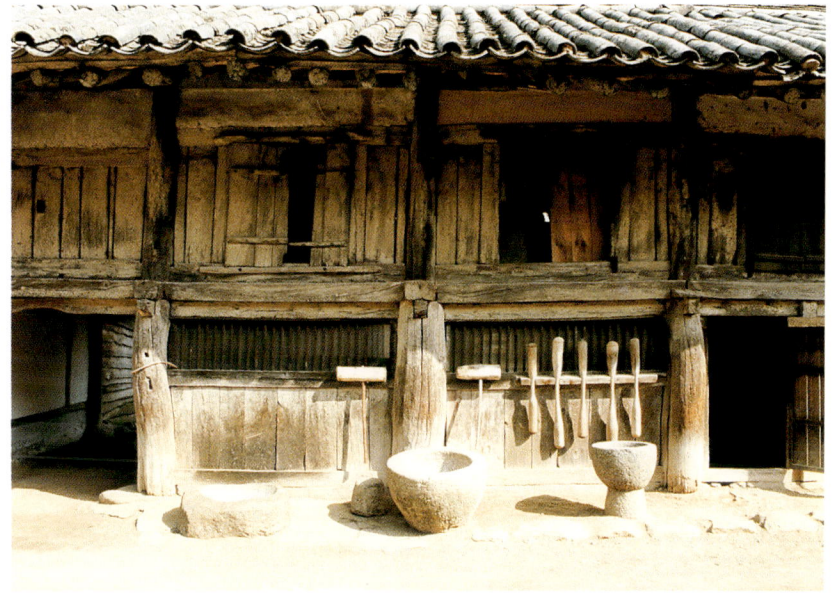

마곡사의 시래기 무청을 엮어 매달아 말려서 시래기를 만들어 국을 끓이거나 나물을 무쳐 먹는다. 예전 먹거리가 귀했던 시절에는 시래기로 떡이나 죽 그리고 찌개도 끓였다.(맨 위)

송광사 공양간 확독과 절구, 절굿공이, 떡메가 나란히 놓여 있다. 호남 지방에서는 크고 작은 절굿공이를 구멍을 낸 긴 나무 토막에 나란히 걸어 둔다. 쓰기 편하거니와 보기 또한 좋다. 큰 절간이라 떡을 쓰는 일이 많은 까닭에 떡메도 나란히 걸어 놓았다.(위)

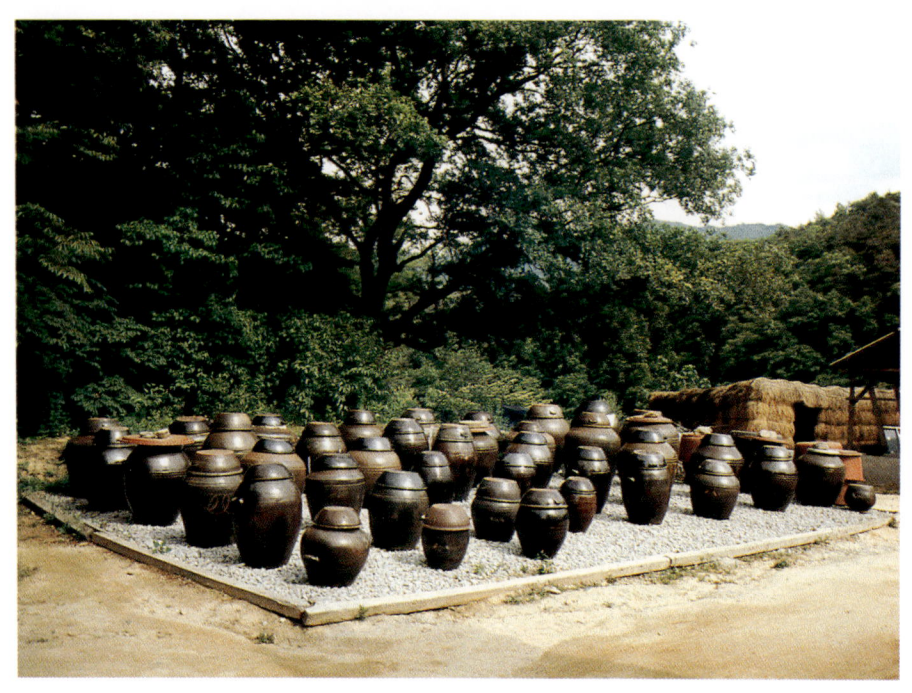

직지사 장독대 크고 작은 항아리와 독들이 열병식이라도 치루는 듯 근엄하게 늘어서 있다.

밥을 짓는 이는 공양주, 죽을 끓이는 이는 갱두, 반찬을 만드는 이는 채공, 상을 차리는 이는 간상, 섶나무를 장만해서 아궁이에 불을 지피는 이는 불목하니 등이다. 이들은 부엌 일도 수도의 과정으로 여겨서 갖은 정성을 다 기울인다.

부엌 지킴이

　부엌에는 이곳을 지켜 주는 신이 있다. 부뚜막의 조왕신이 그것이다. 조왕신은 여신으로 '조왕각씨, 조왕할망, 조왕대감' 등으로 불린다.

　주부들은 부뚜막을 가장 신성한 곳으로 여겼다. 그네들은 언제나 이곳을 깨끗이 하려고 애썼고 사람들은 청결 정도를 아낙의 부지런하고 게으름을 따지는 잣대로 삼았다. 이곳에 걸터앉거나 올라앉는 것을 지극히 꺼려한 것도 이 때문이다.

　제주도의 무당들은 조왕신의 내력(문전 본풀이)을 대체로 이렇게 읊조린다.

　옛날 옛적 님신고을의 님신비와 어산고을의 여산부인이 부부가 되었다. 가난한 살림에도 자식은 일곱이나 낳았다. 궁리 끝에 여산부인은 남편에게 곡식 장사를 권하였다. 배 한 척을 마련한 남선비는 오동나라로 떠났다. 이 나라 오동고을의 노일제대귀일의 딸이 그를 유혹하였다. 둘은 내기 장기를 두었고 이에 진 남선비는 쌀, 배 그리고 돈까지 모두 털렸다. 남선비는 그네를 첩으로 삼았는데 살림은 몹시 구차하였다. 몇 해 안 가서 그는 눈까지 멀었다.

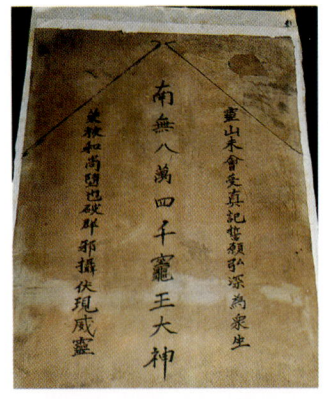

靈山未會受尊記憧賴弘深為衆生

南無八萬四千竈王大神

菜飯和尚獸恆破群邪攝伏現威靈

내소사의 조왕단 부뚜막 윗벽에 조왕단을 설치하고 부엌을 지켜 주는 조왕신의 화상을 거는 대신 글로 써서 걸어 놓았다.(왼쪽, 아래)

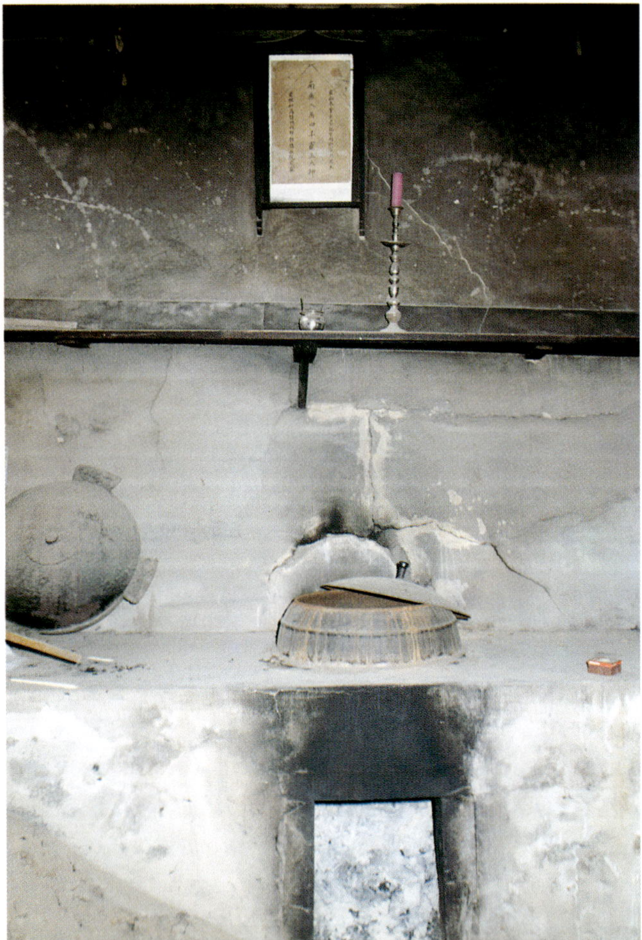

남편을 기다리던 여산부인은 오동나라로 찾아갔다. 남선비는 움막 옆에서 겨죽 단지를 끼고 졸고 있었다. 그러나 앞이 안 보이는 그는 아내를 알아보지 못하였다. 여산부인이 이밥을 지어 바치자 '나도 여산부인과 살 때는 이런 밥을 먹고 지냈다'는 탄식을 늘어놓았다. 그네는 자신을 밝혔고 두 사람은 그 동안의 정회를 풀었다.

노일제대귀일의 딸은 어느 날 목욕 터에서 여산부인의 등을 밀어 주는 체하다가 물 속으로 밀어 넣어 버렸다. 그리고 남선비에게는 소행이 괘씸하여 죽였다면서 큰마누라 노릇을 하였다. 둘은 남선고을로 돌아왔다.

일곱 아들들은 어머니에게서 이상한 낌새를 느꼈다. 이를 알아챈 그네는 배가 아파 죽는다며 남편에게 점을 보아 달라고 하였다. 샛길로 달려간 그네는 점쟁이가 되어 일곱 형제의 간을 먹어야 낫는다는 점괘를 보였다. 아내를 아끼던 남선비는 아들이야 또 낳으면 된다는 생각으로 칼을 갈았다.

사정을 안 막내가 간을 가져오겠다며 여섯 형제와 함께 산으로 올라가다가 지쳐서 잠이 들었다. 어머니가 꿈에 나타나 노루의 간을 쓰라고 일러주었다. 과연 일곱 마리의 노루가 내려오고 있었다. 그는 노루의 간을 계모에게 바쳤다.

그러나 그네는 이것을 먹는 체하면서 자리 밑에 감추었다. 문틈으로 엿보던 아들들이 뛰어들어가 자리를 걷어 치우며 달려들었다. 측간으로 달아난 노일제대귀일의 딸은 목을 매었다. 그네는 측간신인 측도부인이 되었고 정낭에 목이 걸린 남선비는 주목지신(柱木之神)의 자리에 올랐다.

일곱 형제는 서천 꽃밭에 가서 환생 꽃을 얻어다가 어머니를 살려내고 '춘하추동 물 속에서만 사셨으니 몸인들 춥지 않겠습니까? 하루 세 번 따뜻한 불을 쬐면서 조왕할머니로 앉아 얻어 자십시오'하였다.

한편 무당이 부엌의 조왕신을 위한 굿을 올릴 때에는 다음의 조왕경을
주워섬긴다.

계수장엄 조왕신, 시방조요 대광명
위광자재 조앙신, 토지용신 개환희
천상사관 조왕신, 합가인첨 총안녕
내외길창 조왕신, 금은옥백 만당진
상조길경 조왕신, 악귀사신 퇴산거
지망주성 조왕신, 역선만복 개구족
이장인주 조왕신, 부부가인 증복수
재앙영멸 조왕신, 백병소제 대길상
증시수호 조왕신, 백곡승출 양잠배
구호사택 조왕신, 일체제신 개활희

우리 민속에서는 해마다 음력 정초에 동제를 지낸 뒤 마을의 농악대들
이 집집을 찾아 다니며 그 집의 지신을 밟아 주는 지신밟기를 한다. 이들은
마당, 우물, 마루, 방, 부엌 등을 돌며 덕담을 늘어놓는다.
다음은 조왕신을 위한 축원이다.

중점은 두말찌 솥에는 서말찌
에이야루 지신아 조왕지신을 눌르자(받는 소리)
서말찌 너말찌 너말찌 닷말찌
이곳저곳 양 솥 안에 알만 꽉꽉 채워 주소
은두무 놋도 들고 줄줄이도 앉았네
은바가치 놋바가치 줄줄이도 얹혔네
은따배이 놋따배이 줄줄이도 걸었네

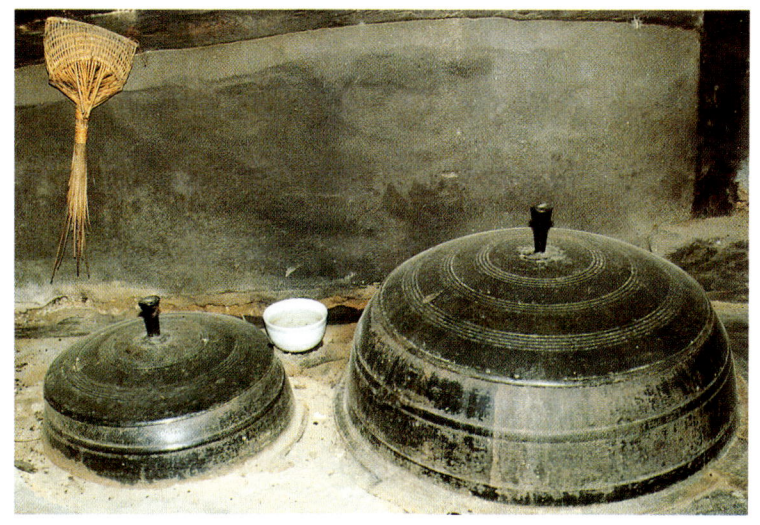

부뚜막의 조왕 신체 조왕신의 신체는 부뚜막 뒷벽 한가운데의 작은 턱에 올려 놓은 종지에 담긴 물이다. 주부는 날마다 새벽 우물에서 길어 온 깨끗한 물로 갈아 부으면서 그날 하루 온 가족의 안녕과 행복을 빌었다.

조왕님요 조왕님요 사대봉추 점지하소
만대유지를 눌리소 만대유지를 눌리소

　조왕신의 신체는 부뚜막 뒷벽 한가운데의 작은 턱에 올려 놓은 종지에 담긴 물이다. 주부는 날마다 새벽 우물에서 길어 온 깨끗한 물로 갈아 부으면서 그날 하루 온 가족의 안녕과 행복을 빌었다. 물이 아닌 다른 물체를 신체로 삼는 경우도 많다. 경기도에서는 부엌 선반에 삼베 소삭을 남은 바가지를 얹어 두거나, 한쪽 벽에 백지나 헝겊 조각을 붙여 놓고 조왕으로 섬긴다. 강원도에서는 방석꼴로 접은 종이와 함께 명태를 걸어 두며 쌀을 담은 작은 단지를 솥뒤에 놓는다.
　경상남도 영산에서는 부뚜막의 솥이 조왕 구실을 한다. 임산부가 몸을 풀 때 이 솥을 향해 '제왕님네 한배기(자백이) 물 쏟듯이 펄썩 순산시켜 주이소' 하는 축원을 올린다. 경상북도에서는 신체를 따로 두지 않으나 조왕신에게 빌 때에는 소댕을 뒤집어 놓고 제물을 차린다.

조왕신은 해마다 음력 12월 23일에 하늘로 올라가서 한 해 동안 그 집에서 일어난 일을 옥황상제에게 낱낱이 보고한 뒤, 설날 새벽에 제자리로 돌아온다고 한다. 따라서 나쁜 일을 저지른 사람은 조왕이 승천하는 날 밤, 아궁이에 엿을 발라 둔다. 아궁이는 출입문인 동시에 입을 나타내므로 이렇게 하면 조왕이 하늘로 올라가기도 어렵거니와, 거기에 가더라도 입이 붙어서 말을 못할 것이라 여기기 때문이다.

운조루(雲鳥樓)로 널리 알려진 전라남도 구례군 토지면 오미리의 유씨 집에서는 해마다 정월 대보름께 조왕제를 지냈으며 이때에 축문도 읽었다. 다음은 그 내용이다.

유세차 경술 정월 병오 13일 무오, 집주인 참봉 아무개는 감히 조왕대성신님께 고하나이다. 새로 정월을 맞이하여 복길일(卜吉日)에 여러 음식을 정갈하게 준비하고 목욕재계하여 이같이 잘 차려 놓고, 우리 집이 편안하기를 정성 다해 머리 조아려 공손히 절을 올리고 돌아보니, 엄숙하게 지신(地神)이 삼가고 두려워하니 오셔서 흠향하소서.

조왕신의 고향은 중국으로 5, 6세기에 널리 퍼졌다. 이것은 '조신(竈神), 조군(竈君)' 또는 '사명토군(司命土君)'이라고도 불린다. 이 신에 대한 제사는 기원전 133년 한나라 무제 때 시작되었으며 우리처럼 수명과 복을 관장하는 신으로 받든다.

동학사 조왕신상 우리나라 절간에서도 부뚜막 위의 조왕단에 조왕신상(조왕탱화)을 모셔 두고 아침저녁으로 공양을 올린다. 왼쪽 벽에 달린 것은 목탁으로 공양 마련이 끝나면 이것을 쳐서 알린다.(옆면)

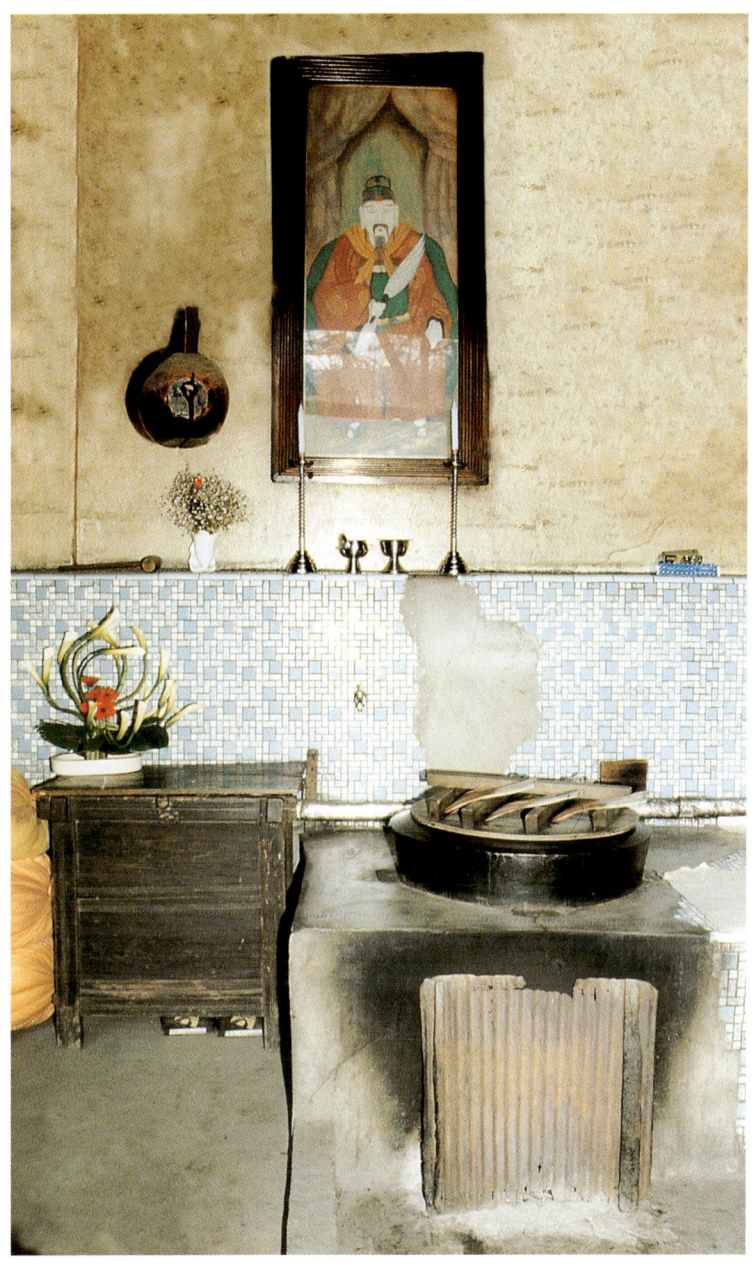

우리가 종지 안의 물을 조왕의 신체로 여기는 것과 달리 중국에서는 그의 초상을 부뚜막 위에 걸어 두고 섬긴다.

이 신상은 해가 바뀔 때마다 새것으로 바꾸며 헌것은 태워 버린다.

우리나라 절간에서도 부뚜막 위의 조왕단에 조왕신상(조왕탱화)을 모셔 두고 아침저녁으로 공양을 올린다. 이는 우리 민간 신앙이 절간에 들어간 좋은 보기이다. 그러나 모든 절에 신상이 있는 것은 아니며 '남무조왕대신(南無竈王大神)' 이라는 글귀로 대신하는 경우도 적지 않다. 조왕탱화에는 조왕 왼쪽에 담자역사(擔柴力士)를, 오른쪽에는 조식취모(造食炊母)를 함께 그린다.

한편 조왕과 관계된 속담으로 넉넉치 못한 것을 여기저기 뜯기고 나면 남는 것이 없음을 '터주에 놓고 조왕에 놓고 나면 아무 것도 없다' 고 빗댄다.

부엌 시설

부뚜막

부뚜막은 첫손에 꼽히는 부엌 시설로 아래쪽에는 불을 들이는 아궁이가, 위쪽에는 솥을 거는 구멍이 있다. 부뚜막은 부엌과 방 사이에 두는 것이 원칙이다. 아궁이의 불길이 고래를 따라 들어가서 방을 덥혀야 하기 때문이다.

부뚜막은 신석기시대 움집의 화덕에서 비롯되었다. 이때의 화덕은 조명과 난방 그리고 취사의 기능을 함께하였으나 청동기시대에 이르러 난방을 위한 화덕과 음식을 끓이는 부뚜막으로 나뉘었다.

기원전 2~1세기의 춘천시 중도 집 자리와 서울 한강 가의 미사리 집터에서 화덕과는 별도로 발견된 진흙 구조물이 그것이다. 이 무렵의 부뚜막은 연기를 빼기 위해 벽 한쪽에 두었다.

초기 철기시대부터는 부뚜막 시설이 긴 골구들로 바뀌면서 아궁이에서 불을 넣어 방을 덥히는 외에, 솥을 걸고 음식도 끓이게 되었다. 또 1세기 고구려 유적에서는 철제와 도제의 부뚜막이 많이 나와서 이 무렵에 집집마다 오늘날의 것과 크게 다르지 않은 부뚜막을 갖추고 있었음을 알려 준다.

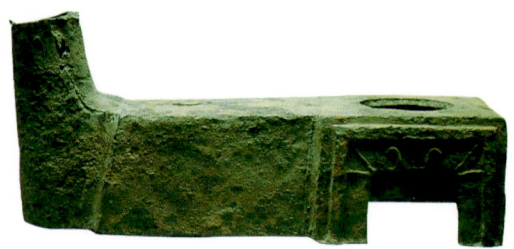

고구려시대의 철제 부뚜막 굴뚝을 부뚜막 한 끝에 나란히 세운 점이 눈길을 끈다.

부뚜막 부뚜막은 첫손에 꼽히는 부엌 시설로 아래쪽에는 불을 들이는 아궁이가, 위쪽에는 솥을 거는 구멍이 있어 솥을 나란히 걸고 음식을 끓인다. 솥 뒤의 네모꼴 구멍은 구들에 불을 직접 넣기 위한 것으로 보통 때는 철판으로 막는다.

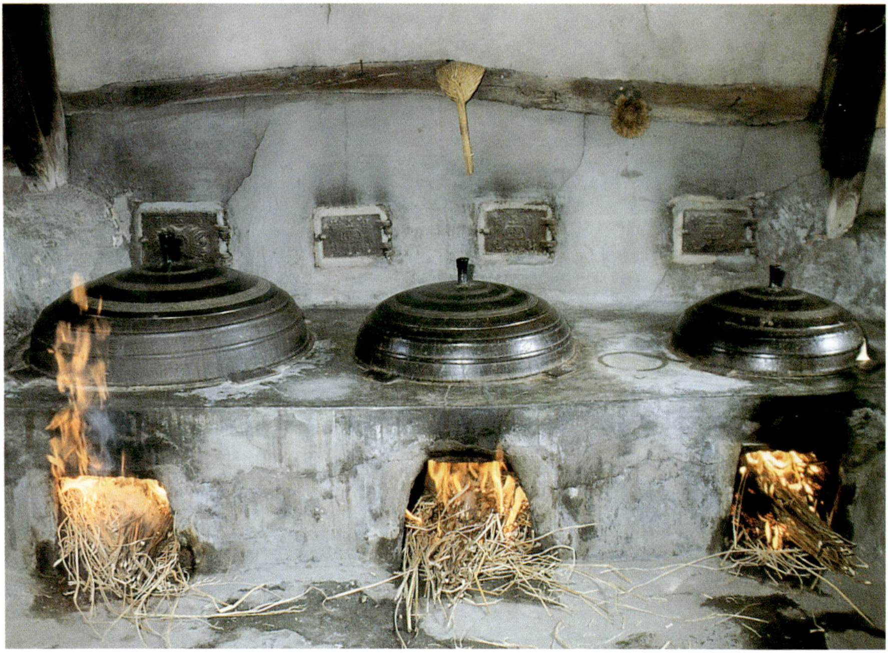

예로부터 '한뎃부엌', '헛부엌' 또는 '딴솥'이라고 하여 방에 불을 들일 필요가 없는 여름철이나 큰일을 치를 때에는 안마당이나 뒤란 등에 임시 부뚜막을 걸고 음식을 만들기도 하였다. 이를 붙박이로 두고 필요할 때마다 이용하는 집도 있었다.

부뚜막과 관련된 속담에는 여러 가지가 있는데 부뚜막에서 음식을 끓일 뿐 아니라 음식 장만에 돈이 많이 드는 사실에서 '부뚜막이 큰 도둑놈'이라는 말이 나왔다. 또 일은 못하면서 맵시만 내는 사람을 '부뚜막 땜질 못하는 며느리 이마의 털만 뽑는다'고 이른다. 부뚜막은 흙으로 쌓는 까닭에 자주 덧발라 주어야 하며 이것은 며느리의 중요한 일거리임에도 게을리 한다는 뜻이다.

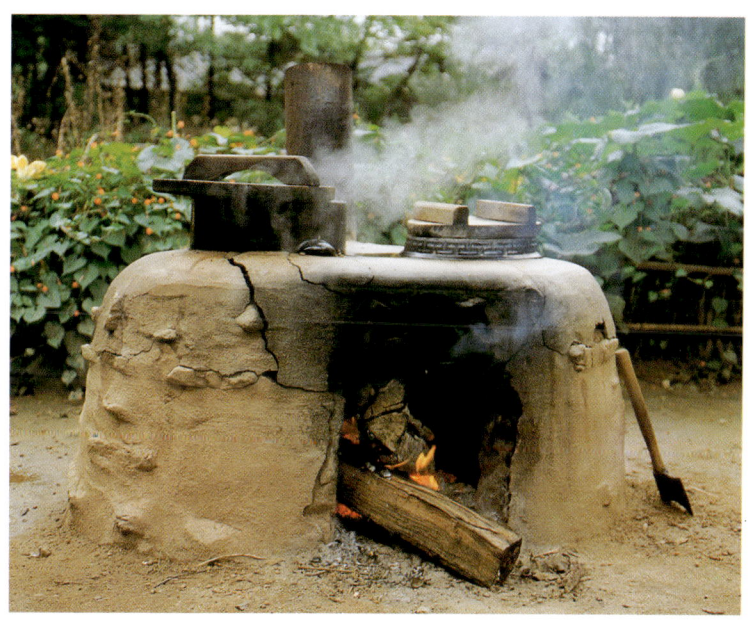

한뎃부엌 진흙과 막돌로 쌓아 올렸다. 한뎃부엌은 헛부엌 또는 딴솥이라고도 한다.

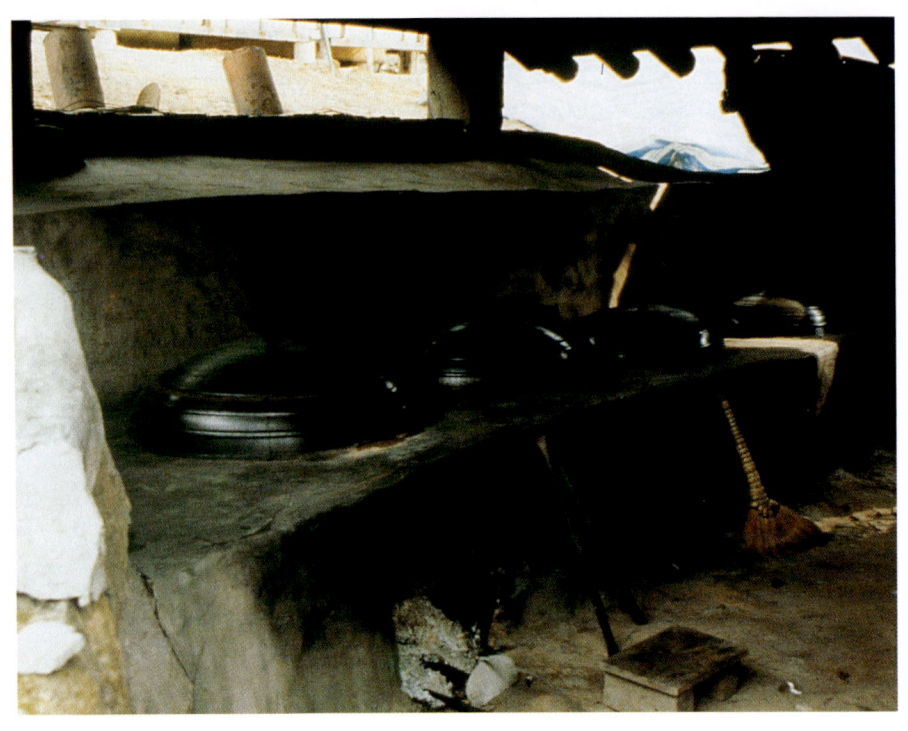

경기도 신륵사의 한뎃부엌 절간에는 많은 사람이 모여서 올리는 불사가 거의 언제나 열리기 때문에 공양을 짓기 위한 한뎃부엌을 마련하는 것이 보통이다. 큰 솥이 4개나 걸린 것을 보면 이 절의 신도가 얼마나 많은지 짐작할 만하다.

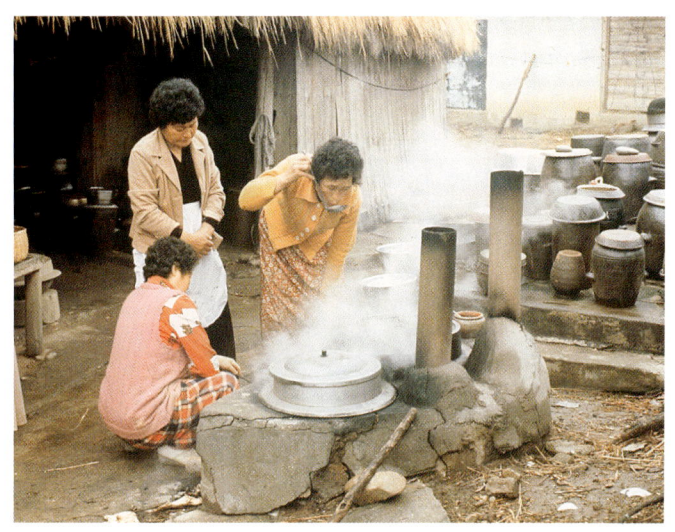

충청남도 안면도의 한뎃부엌 늦가을 비까지 흠씬 내려 으스스 춥던 날, 안면도 승언리의 어떤 초가집에 들렀다가 옳다구나 찍은 사진이다. 오른쪽 아낙은 국자로 국물을 떠서 간을 보고, 왼쪽 여인은 불을 살피며, 가운데 선 여인은 두 손을 모아 쥔 채 맛이 나기를 기도하는 모습이다. 잔칫집 인심이 대개 그렇듯이 이 댁에서 한 잔 의 술과 맛깔스런 안주를 대접 받아 추위를 한결 덜었다.

또 아무리 쉬운 일일지라도 힘써 노력하지 않으면 이루어지지 않는다 는 뜻으로 '부뚜막의 소금도 넣어야 짜다'고 한다. 어느 집에서나 소금 단 지는 부뚜막 곁에 두기 때문이다. 남자는 아내의 일에 간섭을 말아야 집안 이 평안하다는 뜻으로 '사나이가 부뚜막 맛을 알면 계집을 못 거느린다' 고 빗댄다.

부뚜막은 1775년에 나온 『역어유해보(譯語類解補)』와 비슷한 시기에 나온 『한한청문감(韓漢淸文鑑)』에는 '붓두막'으로 올라 있다.

아궁이

아궁이의 옛이름은 '아귀'이다. 아궁이는 흔히 솥이 걸린 부뚜막 아래에 마련하지만 부뚜막이 없는 함실 아궁이도 있다.

함실 아궁이는 구들 밑으로 불을 땔 수 있도록 방의 어느 한쪽을 다른 데보다 깊이 파고 구들장도 두꺼운 것을 놓는다. 이렇게 하면 불길이 구들 밑으로 바로 들어가므로 방이 빨리 더워진다.

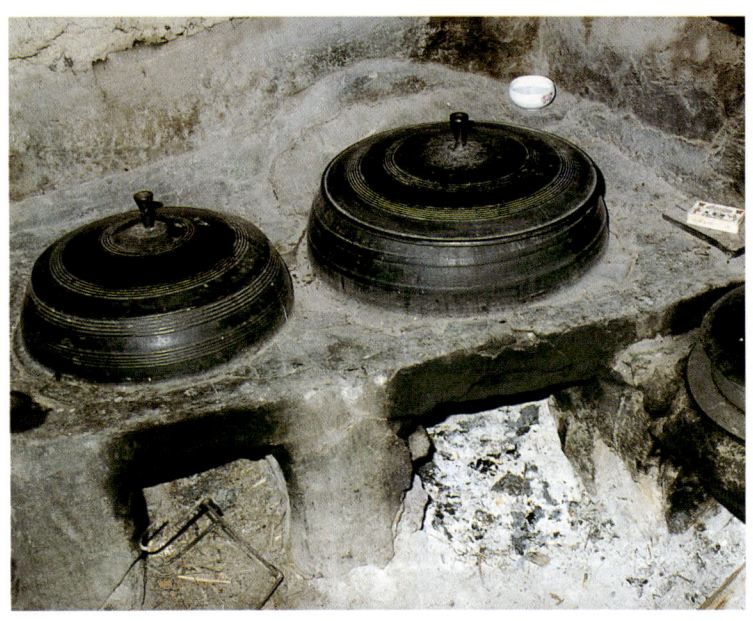

아궁이 아궁이의 옛이름은 '아귀'로 흔히 솥이 걸린 부뚜막 아래에 마련한다.(위)

함실 아궁이 함실 아궁이는 구들 밑으로 불을 땔 수 있도록 방의 어느 한쪽을 다른 데보다 깊이 파고 구들장도 두꺼운 것을 놓는다. 이렇게 하면 불길이 구들 밑으로 바로 들어가므로 방이 빨리 더워진다.(옆면)

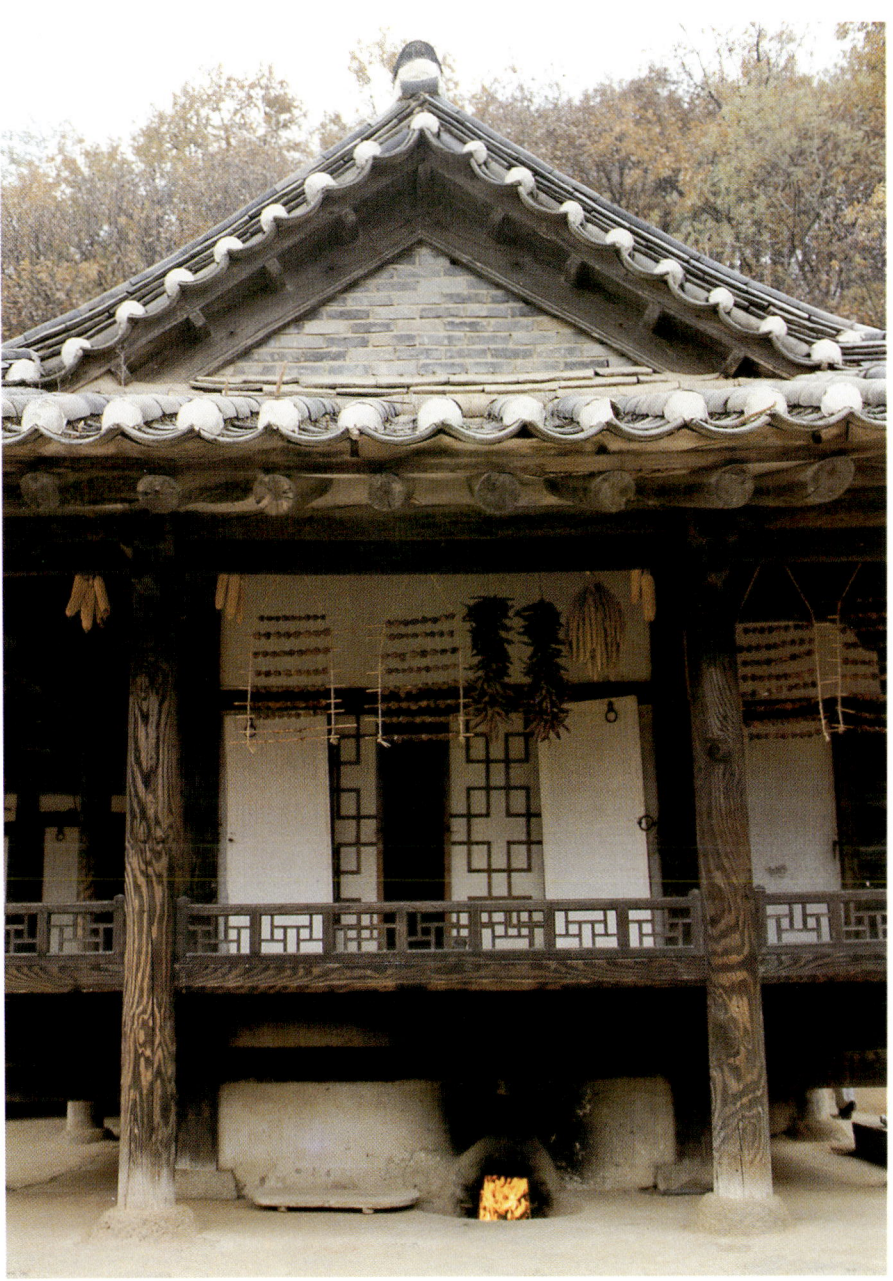

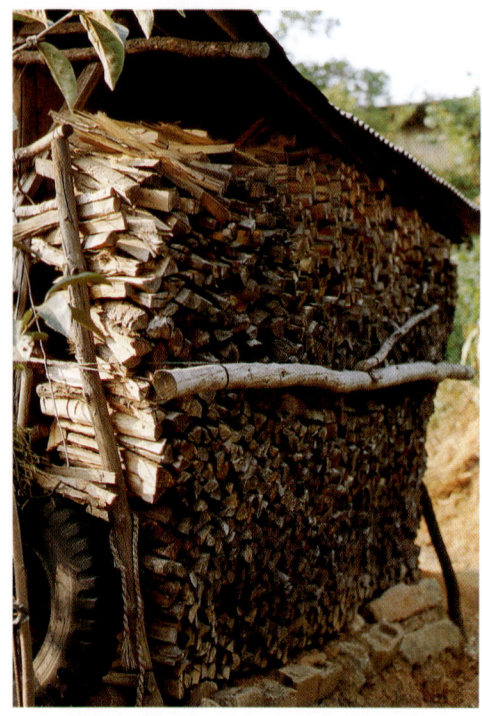

장작 예전에는 늦가을에 겨우내 땔 장작을 미리 장만해서 처마 밑에 쌓아 두었다.(왼쪽)

아궁이돌 땔감이 워낙 귀했던 예전에는 구들에 불을 많이 넣을 수 없었다. 밥이 우르르 끓고 나면 더운 기운이 한줌이라도 밖으로 흩어질세라 얼른 큰 돌로 막아 놓았다. 기둥에 붙인 '건양다경'의 입춘첩이 뚜렷하고 다른 기둥에 걸린 옥수수다발 또한 푸짐한 것이 그리 궁색한 집은 아닌 듯한데, 아궁이를 한치도 어김없이 꼭 막아 놓았다.(옆면)

또 불길이 솥 바닥을 스쳐 가도록 고래 쪽을 막는 부넘기도 없으므로 불길이 잘 들게 마련이다. 함실 아궁이는 사랑채나 아래채 등에 두고 주로 군불을 지피는 까닭에 '군불 아궁이'라고도 한다.

한편, 아궁이를 출입문이나 입으로 여겨 이곳에 엿을 발라 두면 조왕신이 옥황상제에게 가지도 못하거니와 가더라도 입이 들어붙어 말을 꺼내지 못한다는 속신이 있었음은 앞에서도 말했다. 또 아궁이 양쪽에 세운 봇돌에 가로 걸쳐 놓는 긴 돌을 '이맛돌'이라 불러서 부뚜막 아랫도리를 사람의 얼굴에 비겼다. 그리고 제주도의 가옥에는 근래까지 아궁이도, 부뚜막도 없었다. 기온이 따뜻하여 방에 불을 들일 필요가 적었기 때문이다.

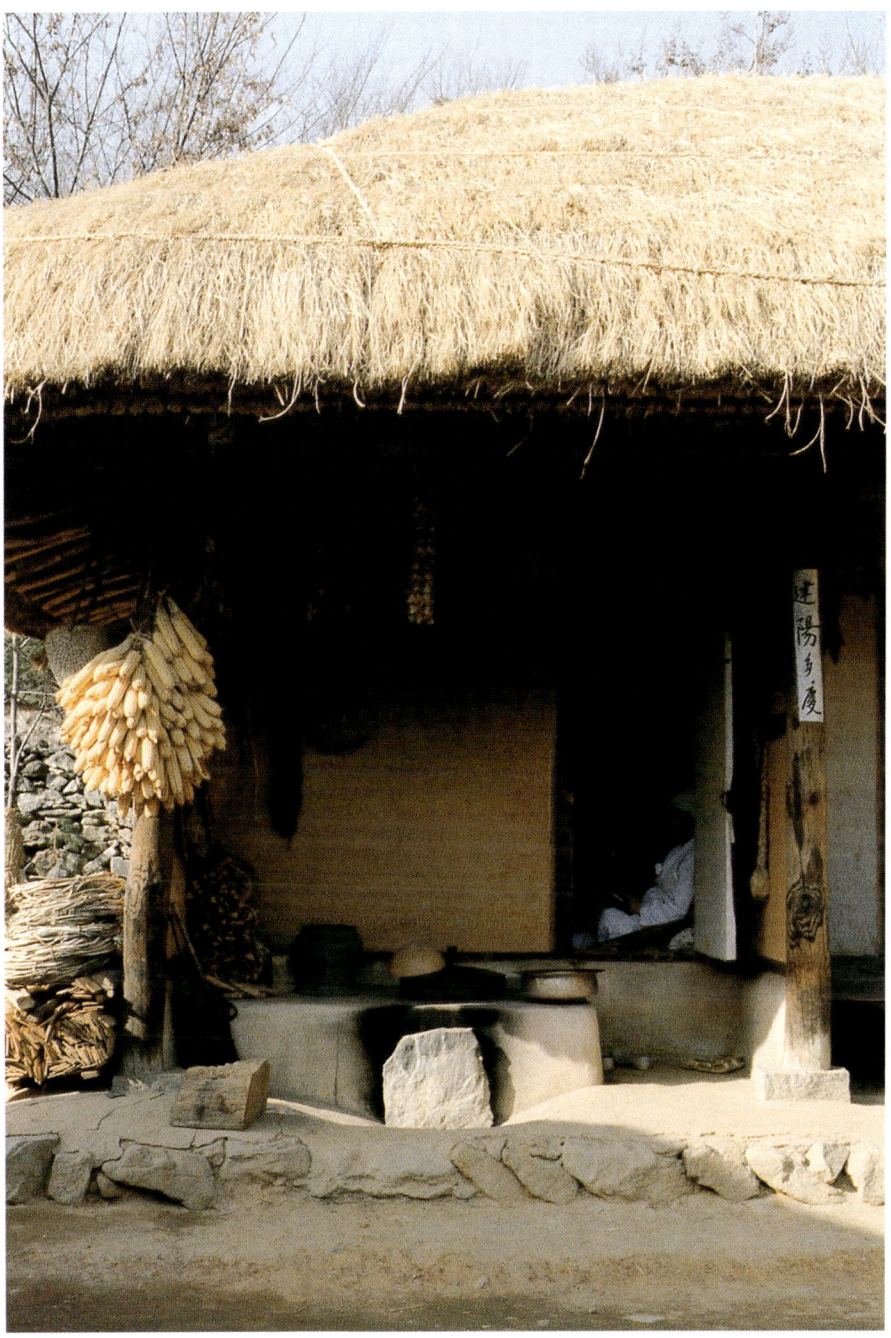

굴뚝

어린 시절 나는 한 번도 산타 클로스의 선물을 받아 보지 못하였다. 초등학교 2학년 때였던가. 성탄일 새벽 눈을 뜨자마자 머리맡을 더듬어 보았지만, 엊저녁 잠들 때 짐작했던 대로 아무것도 손에 잡히지 않았다. 한 해동안의 내 행적이 선물을 받기에 합당치 못하다는 근심을 안은 채 잠이 들기는 하였지만, 막상 그것이 현실로 나타나자 매우 서운하였다. 그때의 섭섭함을 나는 지금껏 잊지 못하고 있다.

내 아이들에게 같은 느낌을 되안겨 주고 싶지 않았던 나는, 어릴 적부터 선물을 그들의 머리맡에 놓아 주었다. 그러나 이 행각은 오래가지 못하였다. 산타 클로스가 어떻게 집안에까지 들어와 선물을 두고 갔을까 하는 질문에 서양 아버지처럼 '굴뚝으로' 하는 실수를 저질렀던 것이다. 우리네뿐 아니라 일본이나 중국 등 굴뚝이 매우 좁은 나라의 어린이들은 이 대목에서 어른들의 거짓말을 대번에 알아차릴 것이다.

한국의 굴뚝과 서양의 그것 사이에는 근본적인 차이가 있다. 우리네 난방은 구들식이어서 방마다 아궁이가 따로 있고 굴뚝도 여러 개이지만, 서양의 난방은 벽난로식인 까닭에 한두 개의 굴뚝으로 충분하다. 방마다 난로를 쓰는 경우에도 연기는 모두 한 굴뚝으로 빠져나가는 중앙 집중식으로 되어 있다. 또 우리네 굴뚝은 아궁이마다 있는 대신 좁고 가늘지만, 서양의 것은 크고 넓다.

우리네 집의 전형적인 굴뚝은 오지 굴뚝이다. 흙으로 빚어 구운 지름 20센티미터, 길이 1미터 내외의 오지 토관 여러 개를 이어서 처마나 지붕 높이만큼 쌓아 올린 다음 바람이 불어도 기울어지지 않도록 긴 작대기 서너 개를 주위에 세우고 새끼나 철사 따위로 묶는다. 굴뚝 아가리에 아무것도 덮지 않는 것이 보통이지만 호남 지방에서는 가운데에 깃봉 비슷한 손잡이를 붙이며 좌우 양쪽에 연기 구멍을 낸 투구 모양덮개를 씌우기도 한다.

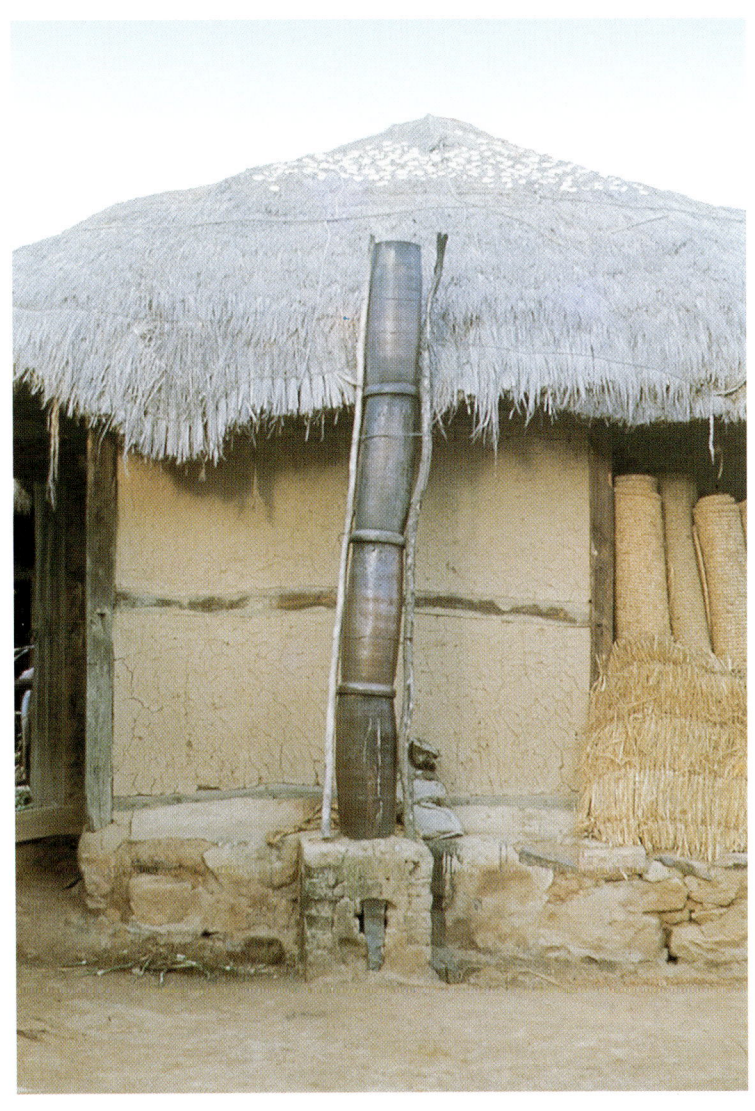

오지 굴뚝 흙으로 빚어 구운 오지관 여러 개를 이어서 처마나 지붕 높이만큼 쌓아 올린 다음, 긴 작대기 서너 개를 주위에 세우고 새끼나 철사 따위로 묶는다. 지붕 위에는 호박 오가리가 널려 있다.

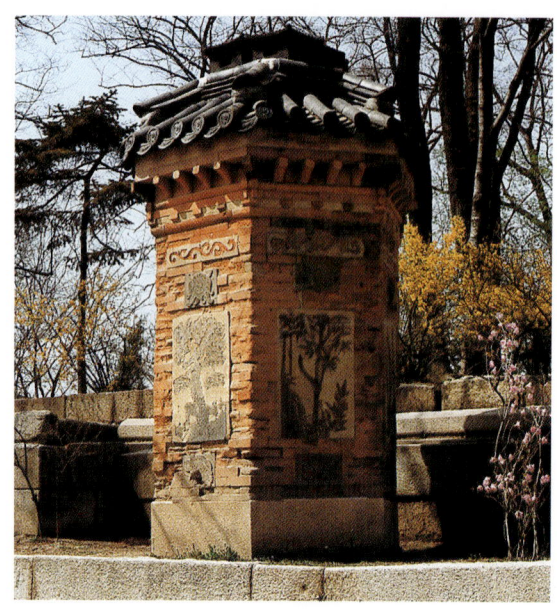

경복궁 아미산 굴뚝 화강석 지대석 위에 벽돌을 30단 내지 31단
으로 쌓아 올리고 각 면에 네 종류의 무늬를 베풀어 꾸몄다.

이러한 덮개는 빗물이 흘러 드는 것을 막고 바람이 불더라도 연기가 나
는 것을 막지만 이 밖에 굴뚝 자체에 맵시를 더하는 효과도 거둔다. 호남
지방에서는 집 뿐만 아니라 굴뚝에다 화사한 멋을 더하기도 한다.

우리는 한국의 가장 아름다운 모습을 경복궁 아미산(峨嵋山)에서 찾을
수 있다. 보물 제811호로 지정된 육각형의 이 굴뚝은 본디 교태전에 있던
것으로 현재는 4개만 남았다. 아미산은 교태전의 후원으로, 중국 산동성
박사현의 유명한 산 이름을 따 붙인 것이다.

화강석의 지대석 위에 벽돌을 30단 내지 31단으로 쌓아 올리고 각 면에
네 종류의 무늬를 베풀었다. 제일 아랫부분에 벽사상(辟邪像)을, 그 위에
십장생·사군자·만자(卍字) 무늬를, 가운데에 봉황과 귀신을, 제일 꼭대

기에 당초 무늬를 둘러 꾸몄다. 그리고 굴뚝 아가리 위에는 목조 건축물의 지붕을 본뜬 구조물을 올려 놓고 이 위에 다시 연기를 빼기 위한 연가(煙家)를 붙였다.

이 굴뚝은 자체의 기능보다 교태전 후원의 장식물로서의 효과를 남김 없이 발휘하는 공예품이라 하겠다. 이 밖에 자경전 뒤뜰의 십장생 무늬 굴뚝(보물 제810호)도 조선조 궁중의 건축물이 지닌 아름다움을 잘 보여 준다.

호남 지방에 비하면 영남 지방의 굴뚝에는 아무런 꾸밈이 없는 셈이다. 이것은 영남 지방의 상류 가옥이 질박하고 검소한 느낌을 주는 것과 일치한다. 개자리 바깥쪽에 낸 구멍에 단지 기왓장을 엇비슷 덮어 놓기도 하고, 마주 부는 바람에 대비해서 축대나 툇마루 아래 또는 아궁이 옆에 구멍을 뚫어 놓은 집도 있다. 따라서 이 구멍 주위에는 그을음이 더 켜로 앉게 마련이다. 이에 비해 호남 지방에서는 굴뚝을 처마에서 얼마큼 떨어진 자리에 세워서 이를 막는다.

우리나라 남해안과 섬 지방에는 굴뚝을 부엌 부뚜막 한쪽 귀퉁이에 세운 집이 적지 않다. 거센 바닷바람이 불더라도 불길이 고래를 따라 잘 들어가도록 하기 위해서이다.

제주도의 집에 구들이 시설된 것은 100년쯤밖에 되지 않는다. 따라서 옛 집에는 굴뚝 대신 부엌 뒷벽 몇 군데에 구멍을 내었을 뿐이다. 아궁이나 부뚜막 또한 보이지 않으며 벽 쪽에 냇돌 서너 개를 괴어 놓고 솥을 걸었다.

산사의 굴뚝도 뚜렷한 특징을 지닌다. 암키와와 흙을 한 켜씩 번갈아 가며 쌓아 올린 다음, 연기 구멍을 내고 그 위에 지붕 모양의 덮개를 설치하는 것이 보통이다. 이 밖에 간단한 구조로서 냇돌과 흙을 번갈아 쌓고 상부에 구멍을 내고 꼭대기에 기왓장을 덮는다. 그리고 불똥으로 인한 화재를 막기 위해 굴뚝을 몸채에서 떨어진 곳에 세운다.

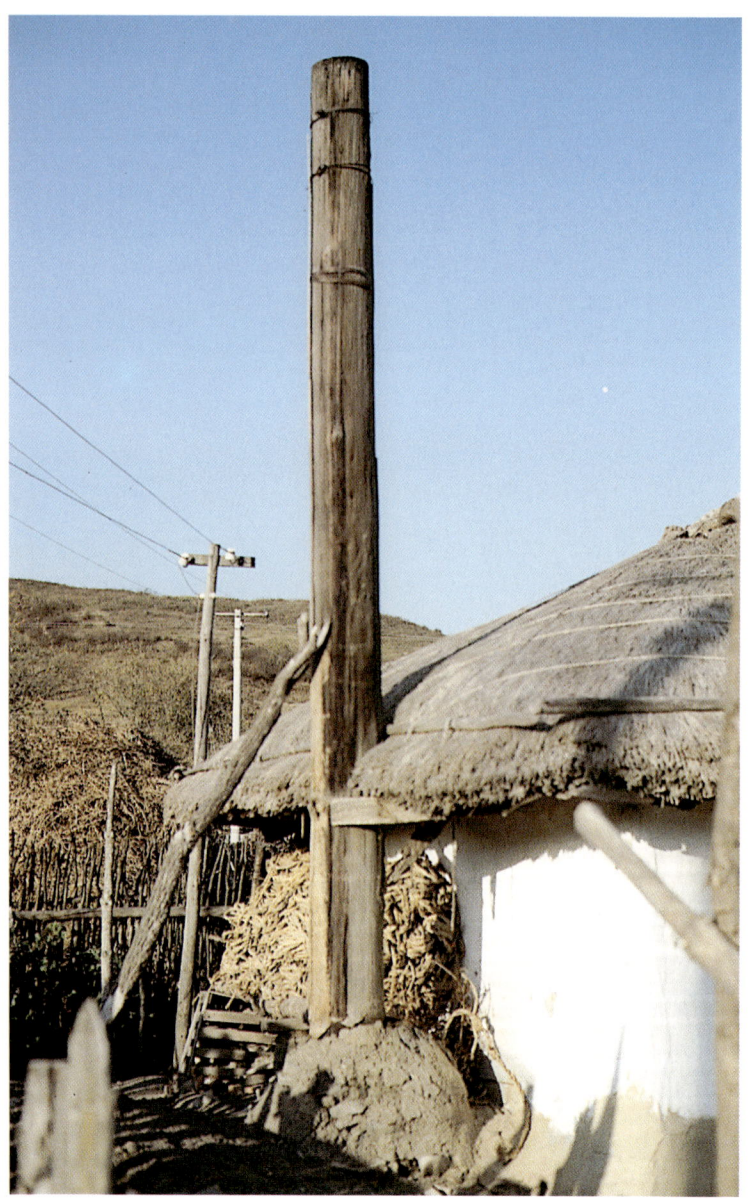

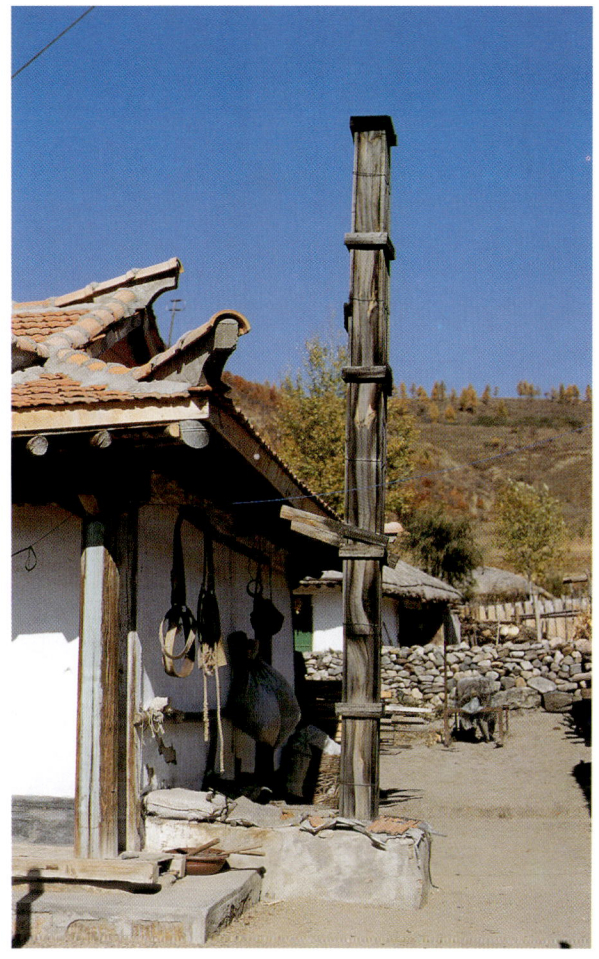

널구새　너비 20센티미터, 두께 3센티미터쯤 되는 널쪽을 네모로 붙여서 만든 굴뚝이다. 서너 곳에 띠를 둘러서 고정시켰다.(위)

통구새　통나무 속을 뚫어서 세운 굴뚝이다. 통나무가 귀한 데서는 나무를 길이로 쪼개고 안쪽을 파낸 다음 다시 맞붙여 굴뚝으로 삼기도 한다.(옆면)

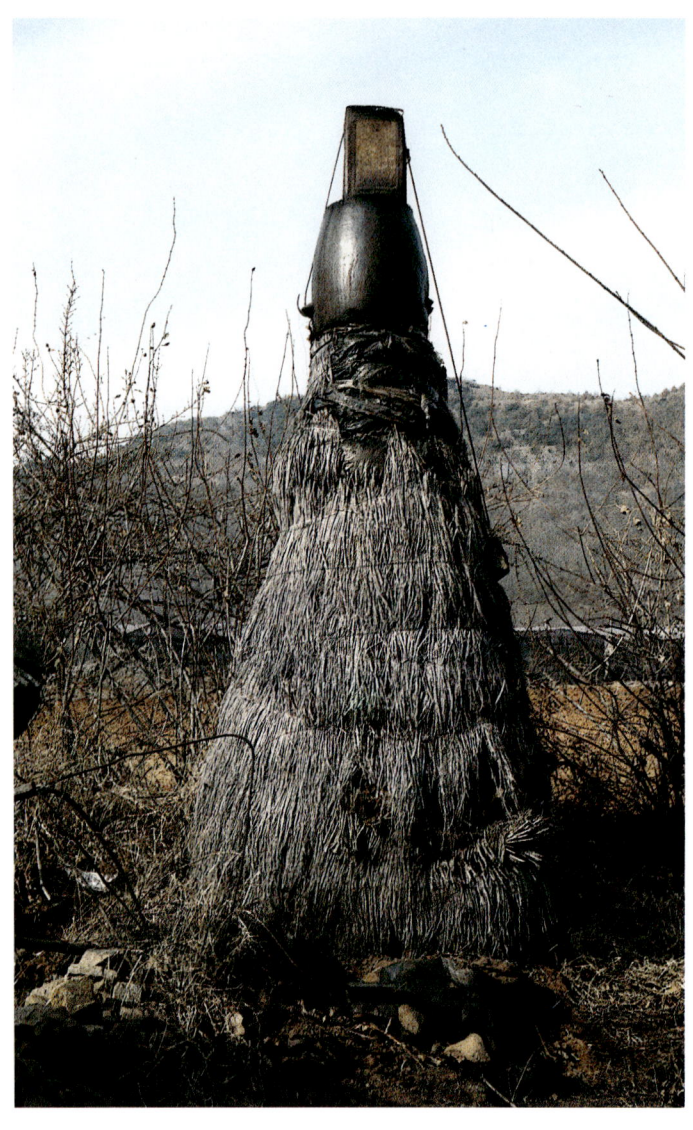

강화의 굴뚝 흙과 냇돌을 번갈아 가며 쌓아 올려 몸체를 빚고 그 위에 바닥을 떼어 낸 독을 얹었다. 또 비바람에 흙이 씻겨 내려가는 것을 막기 위해 날개를 둘러 놓았다.

경기 서해 도서 지방의 굴뚝도 다른 곳의 것과 큰 차이를 보인다. 굴뚝은 흙과 냇돌로 둥글게 쌓는데 바닥 지름은 1미터가 넘는다. 그리고 바람이 나비를 맞아 흙이 떨어지는 것을 막으려고 날개를 두텁게 둘러 둔다. 바닥을 두텁게 쌓는 것 역시 풍우에 오래 견디도록 하기 위해서이다. 서울에서 가까운 강화도나 덕적도 등지의 굴뚝은 벽돌로 높이 쌓을수록 연기가 잘 빠지는 원리를 응용한 것으로 그 웅장한 모습은 포대를 연상시킨다.

함경도 지방에서는 굴뚝을 '구새'라 부른다. 구새는 본디 속이 저절로 썩어서 구멍이 뚫린 나무를 이르는 말이지만 흔히 굴뚝으로 쓰는 까닭에 이렇게 불린다.

구새감으로는 50년 이상 자란 피나무를 첫손에 꼽는다. 뿌리 쪽이 썩기 시작할 때 베어서 가운데를 후벼 파고 기름을 조금 부은 다음, 검불이나 북더기를 넣고 불을 붙이면 안으로 타 들어간다. 마른 나무는 보름쯤, 젖은 나무는 한 달 가량 걸리며, 불이 꺼지지 않았는지 살펴 가면서 쏘시개를 더 넣어 준다. 가운데가 완전히 뚫어지면 바로 세워서 굴뚝으로 삼는다. 이 굴뚝은 반영구적이다.

굴뚝은 널로도 만드는데 이것이 '널구새'이다. 너비 25센티미터, 두께 3센티미터의 널로 짜며 수명은 통구새의 반쯤 된다.

굴뚝의 높이도 곳에 따라 조금씩 다르다. 산간 지대에서는 지붕마루보다 높이 세우고 들에서는 치미와 같거나 조금 높이 세운다. 산이 높으면 굴뚝도 높아야 바람을 적게 타서 불이 잘 들기 때문이다.

굴뚝이 언제 생겼는지 분명히 말하기는 어렵지만, 청동기시대에 이미 나타났다. 그러나 이때의 굴뚝은 매우 엉성해서 벽이나 지붕에 구멍을 낸 정도에 지나지 않을 것이다. 벽에 구멍을 낸 것은 제주도에서 그 흔적을 찾을 수 있으며, 지붕에 낸 구멍은 강원도 산간 지방 겹집의 까치 구멍이 바로 그것이다.

초가의 경우 용마름 좌우 양끝에서 짚을 안으로 넣어 만든 것으로 까치가 드나들 만한 구멍이라는 뜻이다. 기와집에서는 양 합각에 지름 10센티 미터 정도의 토관을 박아 두며 규모가 큰 집에서는 합각머리에 두 짝의 유리문을 달아 놓고 필요할 때마다 사람이 여닫는다. 겹집에 굴뚝이 없는 것은 아니지만 추운 지방이라 워낙 불을 많이 땔 뿐더러 방 안에 시설한 조명 겸 난방 장치인 고콜에서 뿜어 나오는 연기가 집안의 천장으로 몰려들게 마련이어서 까치 구멍은 반드시 필요하다.

우리는 집의 어떤 부분보다도 굴뚝에 대해 깊은 정감을 느껴 왔다. 굴뚝과 연관 깊은 속담이 적지 않은 것은 그 때문이다. 무엇을 몹시 하고 싶어하는 마음은 '굴뚝 같다'고 이르며 검고 더러운 옷 따위를 '굴뚝 막는 덕석 같다'고 말한다. 이 밖에 무엇을 피해서 급히 달아날 때 '굴뚝 보고 절

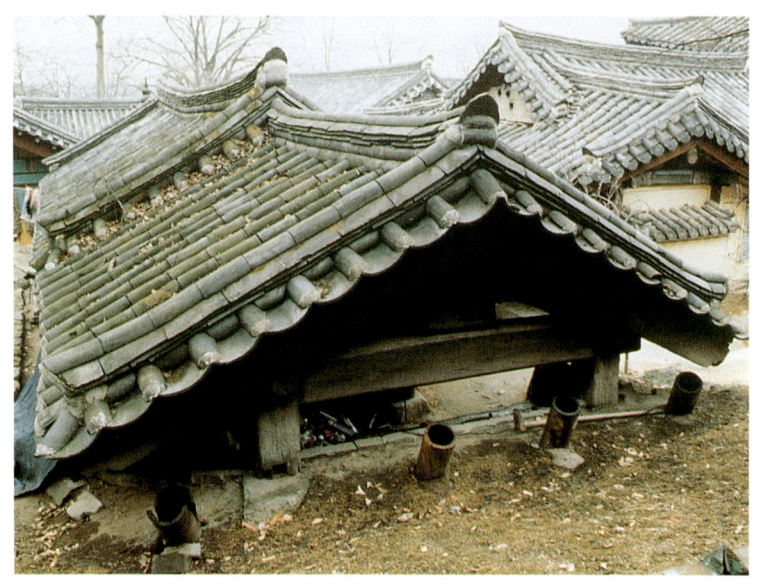

신륵사의 굴뚝 굴뚝의 높이는 곳에 따라 조금씩 다르다. 산간 지대에서는 지붕마루보다 높이 세우고 들에서는 처마와 같거나 조금 높이 세운다. 그러나 이 굴뚝은 매우 낮은 편이다.

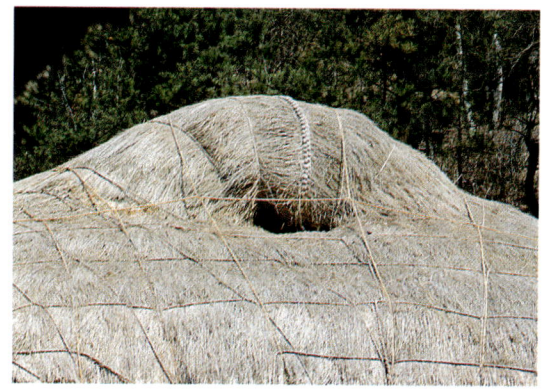

까치 구멍 용마름 좌우 양끝에서 짚을 안으로 욱여 넣어 낸 구멍으로 연기가 빠진다. 까치 구멍이라는 이름은 까치가 드나들 만한 구멍이라는 데에서 왔다.

한다'는 표현을 쓴다.

우리 민속에서는 굴뚝을 입에 비긴다. 이 때문에 산달이 가까운 임신부가 있는 집에서 굴뚝을 고치면 아이의 입을 건드린 것이 되어, 언청이가 태어난다고 한다. 또 굴뚝을 여성의 생식기로도 여겼다. 난산일 때 이곳에 가서 키질을 하거나 물을 붓는 것이 그것이다. 키질은 여근을 크게 벌리는 행위이고 물을 붓는 것은 물이 흐르는 듯한 순산을 바라는 주술이다.

굴뚝의 본디말은 '굴ㅅ독'으로 굴은 땅이나 바위가 안으로 깊숙이 패인 곳을 이르고, 독은 오지로 구운 항아리를 가리킨다. 예전에는 거의 모두 오지 굴뚝을 세웠기 때문이다.

한국의 가옥이 자연에 어울리도록 건축된 것처럼 굴뚝도 소박하고 아담하게 세워졌다. 굴뚝이 서양의 그것처럼 지붕 복판을 뚫고 우뚝 솟아 올라가지 않은 점도 같은 이유이다. 우리네 굴뚝이야말로 자연을 따르고 자연 속에서 살아가고자 한 한국인의 심성을 가장 잘 나타내 준다고 하겠다.

솥

솥은 크기에 따라 두멍솥, 가마솥, 중솥, 옹솥 등으로 나눈다. 이들은 네 귀가 달리게 무쇠를 부어 만들며 소댕에는 꼭지가 있다. 아가리가 벌어진 두멍솥은 용가마라고도 한다. 잔치를 맞아 많은 손님을 치르려고 음식을 한꺼번에 많이 삶거나 끓일 때 쓴다. 솥뚜껑은 여닫기 편하도록 반달꼴의 두툼한 나무판 두 쪽으로 만든다. 가마솥에는 밥도 짓지만 사랑채 부뚜막에 이것 하나만 걸어 두고 마소의 여물을 삶기도 한다. '죽가마'라는 이름은 이에서 왔다.

중솥에는 보통 때 밥을 짓고 옹솥에는 국을 끓인다. 오늘날에는 전이 달리고 밑이 뾰족한 알루미늄제의 왜솥(양은 솥)이 흔하다.

이 밖에 새옹, 노구솥, 질솥, 곱돌솥도 있다. 새옹은 놋이나 백동으로 만

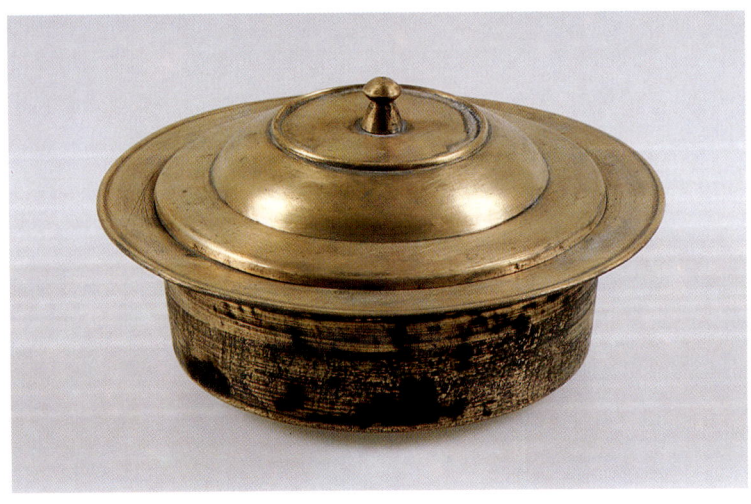

새옹 새옹은 놋이나 백동으로 만든 지름 25센티미터, 높이 10센티미터의 작은 솥으로 밥을 짓거나 죽을 쑤는 데에 쓴다.

든 지름 25센티미터, 높이 10센티미터의 작은 솥으로 밥을 짓거나 죽을 쑤는 데에 쓴다. 바닥은 평평하고 배는 부르지 않다. 이것은 들고 다니기 편해서 마을의 수호신을 위한 제사 때, 현장에 가져 가서 메를 짓기도 한다.

노구솥은 놋쇠나 구리로 만든 솥이다. 좌우 양쪽에 손잡이가 달렸으며 새옹보다 조금 크다. 산천에 치성을 드릴 때에는 이에 지은 '노구메'를 쓰며 이러한 정성을 '노구메 정성'이라고 한다. 이 솥 중에도 질이 낮은 '퉁(품질이 낮은 놋쇠)'으로 만든 솥이 '퉁노구'이다. 질솥은 옹기로 만든 솥이다. 예전에 등짐장수들은 지겟가지 끝에 이것을 달고 다니다가 밥을 지어 먹었다. 곱돌솥은 곱돌을 깎아 만든 고급 솥이다.

솥은 두들겨서 항아리처럼 맑은 소리가 나는 것이 좋다. 소리가 탁하면 쇠가 나쁘거나 상한 데가 있는 증거이다. 솥을 길들일 때에는 약한 불에서 두세 번 물을 데워낸 다음, 기름기가 섞인 고기를 지져가며 문질러서 기름이 배어들도록 한다. 그리고 물을 다시 서너 번 끓여서 헹구어내면 오래 쓸수 있다. 때때로 솥 바닥의 검댕을 솥과 뚜껑 겉에 바르고 기름 수건으로 문질러 주면 더욱 좋다.

솥은 살림살이 자체를 나타낸다. 집을 새로 짓거나 이사할 때 새집 부뚜막 위에 솥부터 걸어서 살림살이의 시작으로 삼았다. 부득이하여 살림살이를 옮겨 오지 못하였더라도 솥만 걸고 그 집에서 하룻밤을 지내면 이사를 한 것으로 여겼다. 부뚜막에서 솥을 떼어내는 것으로 살림을 마감하는 징표로 삼은 것도 마찬가지이다.

또 둘째 아들이 솥을 장만하는 것은 분가를 나타낸다. 결단성이 모자라서 우물쭈물하는 사람을 '솥 떼어 놓고 삼 년'이라거나 '솥 씻어 놓고 기다리기'라고 이르는 말은 이에서 나왔다. 또 누구나 아는 일을 저 혼자 아는 체하는 사람을 '솥은 부엌에 걸고 절구는 헛간에 놓으라 한다'며 비아냥거린다.

새색시가 시집에 이르면 가마채를 안방 문턱에 걸고 그 앞에 중솥 소댕을 엎어 놓아서 신부가 왼발로 이것을 먼저 밟도록 하였다. 이에는 '무쇠처럼 튼튼해서 탈이 나지 말라'는 뜻도 들어 있지만 남은 생애 동안 밥을 지으며 살아갈 사람과의 상견례이기도 하였다.

솥은 앞으로 다가올 재앙을 알려 주는 영물(靈物)이었다. 솥에 무엇을 찌거나 삶을 때 뜨거운 공기의 작용으로 '부웅부웅' 울리거나 소댕이 들먹거리며 김이 새는 현상을 나쁜 징조로 여긴 것이다. 밥솥이 울면 부엌에 들어앉은 남정네에게 아낙이 절을 올렸고, 국솥이 울면 남편이 아내에게 절을 하고 울음이 멎기를 기다렸다.

솥은 기적을 일으키는 신기(神器)이기도 하였다. 부여를 치러 가던 고구려 대무신왕(18~44년)은 비류수(沸流水) 언저리에서 솥을 가지고 노는 여인을 멀찍이서 보았다. 가까이 다가가자 여인은 간데없고 솥만 남아 있었다. 이에 쌀을 붓자 불을 때기도 전에 익어서 군사들이 배불리 먹었다는 것이다.(『삼국사기』권14, '고구려본기')

'한솥밥을 먹는 사이'라는 말이 있다. 비록 남남이지만 한가족처럼 가깝다는 뜻이다. 예전에는 한솥에서 지은 밥은 식구끼리만 먹었다. 더구나 성주단지에서 꺼낸 쌀로 지은 밥은 머슴에게조차 주지 않았다. 그는 '우리'가 아니라 '남'이라고 여긴 것이다. 또 이와 같은 속신을 유달리 지키는 집에서는 첩에게도 한솥밥을 주지 않고 '시앗솥'을 따로 쓰도록 하였다.

우리나라의 가장 큰 솥은 충청남도 논산군 연산면 천호리의 개태사(開泰寺)에 있다. 장(醬)을 끓이는 데 쓴 이 솥의 크기는 지름 3미터, 높이 1미터, 둘레 9.4미터이다. 이 절은 고려 태조 왕건이 936년에 후백제를 토벌한 기념으로 세웠으며 솥은 그때 만들었다고 전한다. 이처럼 오래되고 또 큰 솥인 만큼 영험담도 내려온다. 가물 때에도 이 솥만 있으면 비가 내린다고 하여 여러 곳으로 옮겨 다녔고, 1944년에는 일제가 고철로 쓰려고 부수려 들자 뇌성벽력이 쳐서 그만두었다고 한다.

소댕은 신령에게 제물을 담아 바치는 제기로도 쓰였다. 무당은 오곡 볶

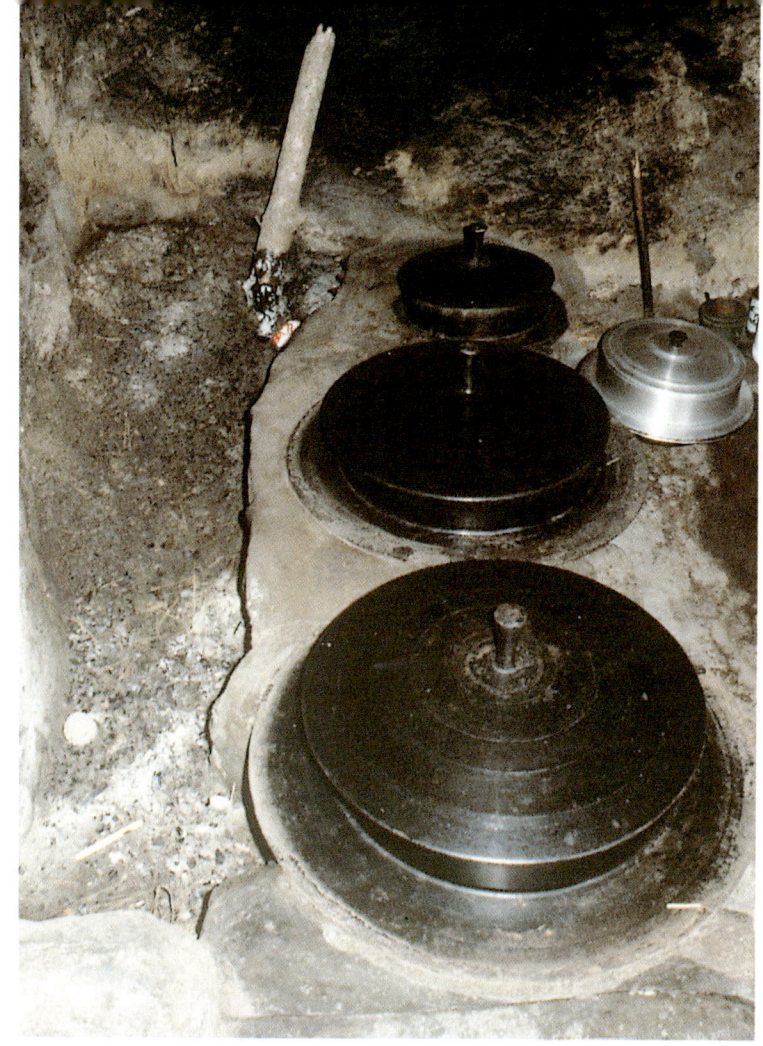

제주도 살림집의 부뚜막 제주도는 워낙 따뜻한 고장이라 구들을 놓지 않는 집이 많다. 따라서 솥 뒤와 벽 사이에 재를 모아 두는 '솥등얼'이 있게 마련이다.

은 것을 소댕에 담아 들고 집안 여러 곳으로 다니며 뿌린다. 이렇게 하면 배를 불린 잡귀들이 물러간다는 것이다. 여러 솥 가운데 중솥의 소댕을 쓰는 것은 이것이 밥을 짓는 중요한 솥이기 때문이다.

시앗을 학대하거나 가뭄을 물리치는 주력을 비는 데에도 소댕이 이용

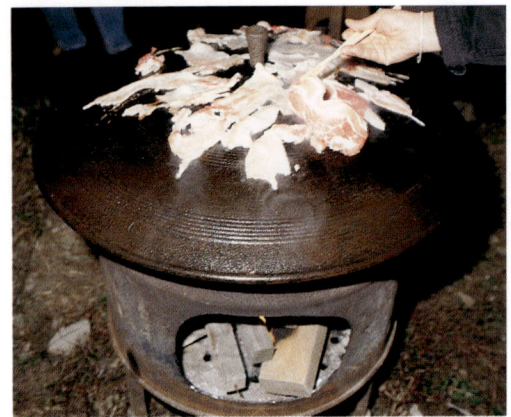

소댕 오늘날에는 소댕 위에 돼지고기를 굽는다. 기름이 저절로 흘러 떨어져 편리하다.

되었다. 중솥의 소댕을 뒤집어 놓고 그 밑에 불을 지펴서 뜨겁게 달군 뒤에 시앗으로 하여금 이 위에 올라서게 한 것이다. 긴 가뭄이 들었을 때 아들을 많이 낳은 맏며느리를 뜨거운 소댕 위에 세워 놓고 키에 담긴 물을 끼얹으면 비가 내린다는 속신도 있다.

이 밖에 잔치가 있을 때 소댕을 젖혀 놓고 빈대떡 따위의 부침개도 부치며 이를 '소댕질' 이라 부른다.

화투

화투는 강원도 산간 지대의 가옥에 근래까지 남아 있었다. 부뚜막 귀퉁이에 진흙으로 화로처럼 높이 약 70센티미터, 지름 약 60센티미터 정도로 쌓은 것으로, 위는 우묵하게 파고 이와는 별도로 아래쪽에 한쪽이 20센티미터 정도인 네모꼴 구멍을 마련하였다. 위는 관솔불 따위를 붙여서 부엌을 밝히거나 간단한 음식을 끓이는 데에 쓰며 아래에는 불씨를 묻어 둔다.

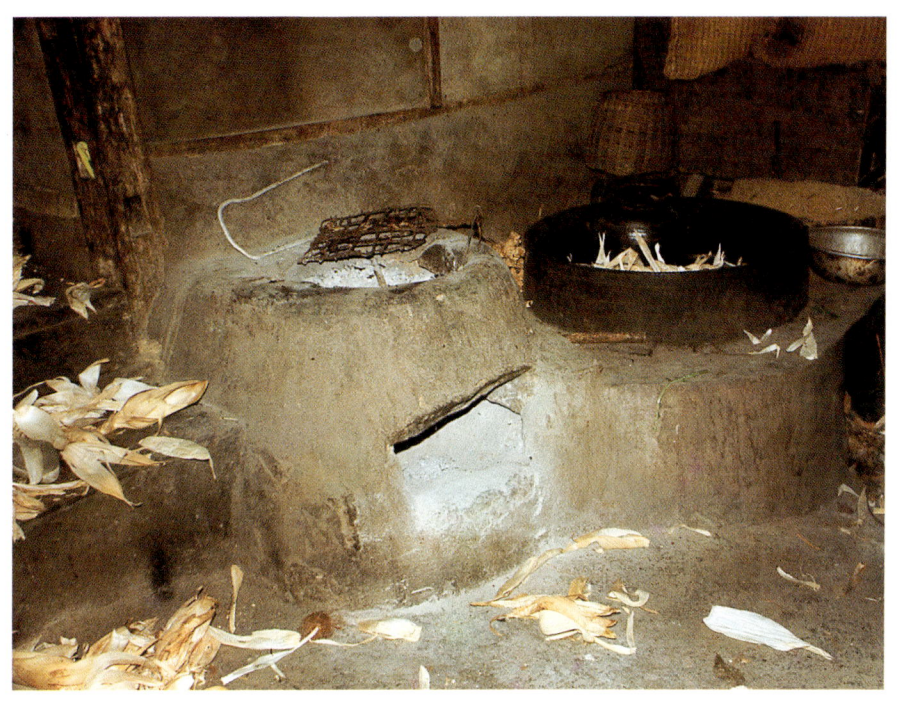

화투 가마솥 왼쪽에 흙으로 풍로처럼 빚어 놓은 것이 화투이다. 위에는 아궁이의 잉걸불을 떠 옮겨 놓고 찌개를 끓이거나 생선 토막을 구우며 아래쪽 구멍에는 불씨를 묻어 둔다.

예전에는 불씨 간수를 무엇보다 중요하게 여겼다. 불씨는 곧 재운(財運)이기 때문이다. 집에 따라서는 불씨를 담은 화로를 시어머니가 맏며느리에게 넘겨 주었고 살림을 따로 날 때에는 맏아들이 불씨 화로를 들고 새집에 먼저 들어가는 것이 관례였다. 또 향교에서 제례를 올리거나 마을에서 동제를 지낼 때 향에 붙이는 불은 특정한 집안에서 가져다 쓰는 풍습도 있었다.

불씨에 대한 이러한 민속 때문에 젊은 주부가 불씨를 꺼뜨린 죄로 시집에서 쫓겨나는 일도 드물지 않았다. 어떤 집의 시아버지가 불씨를 얻어 오는 며느리를 보고 친정으로 돌아가라고 꾸짖자, '어제 빌려 주었던 것을 되찾아 오는 길'이라고 대답하여 위기를 넘겼다는 이야기도 전한다.

이러저러한 이유까지 겹쳐져서 불씨를 죽이면 집이 망한다는 속신까지 생겨났고 이 관념은 오늘날에도 뿌리깊게 남아 있다. 대도시에서 이사 때 연탄불을 꺼뜨리지 않고 가져가는 것이 그것이다. 또 집들이 때 성냥이나 양초 따위를 선물하는 것도 같은 이유이다.

화투는 불씨를 간수하기 위한 시설이다. 주부들은 마들가릿불을 화투에 넣고 재를 모아 꼭꼭 누르며 그것으로도 모자라서 불돌로 지질러 둔다. 그리고 불을 쓸 때에는 재를 헤치고 불씨를 꺼내어 가랑잎에 싼 다음, 입으로 혹혹 불어서 불을 일으킨다.

그 밖의 부엌 시설

등디

등디는 함경도 겹집의 시설물이다. 정주간에서 부엌으로 내려가는 한 끝에 진흙으로 둥글게 높이 20센티미터, 긴지름 60센티미터, 짧은지름 약 40센티미터 정도로 쌓아 만든다. 이곳에 아궁이의 마들가릿불을 떠 옮겨 놓고 음식을 끓이거나 관솔불을 지펴서 집안을 밝히는데 이것이 우등불이다. 이 불에서는 더운 기운도 나오므로 난방에도 도움이 된다. 곳에 따라 등디자리를 '등디간' 또는 '등디목'이라고 한다. 등디는 신석기시대의 화덕이 발전한 것으로, 화투 또한 이와 같다.

찬장

찬장은 식기류나 음식물을 넣어 두는 가구로 유리문이 달리는 외에 한두 개의 설합도 붙어 있다. 서민 가옥에서는 부엌 뒷벽에 걸어 놓은 가로대에 얹어 두지만 상류 가옥에서는 찬방 안에 둔다.

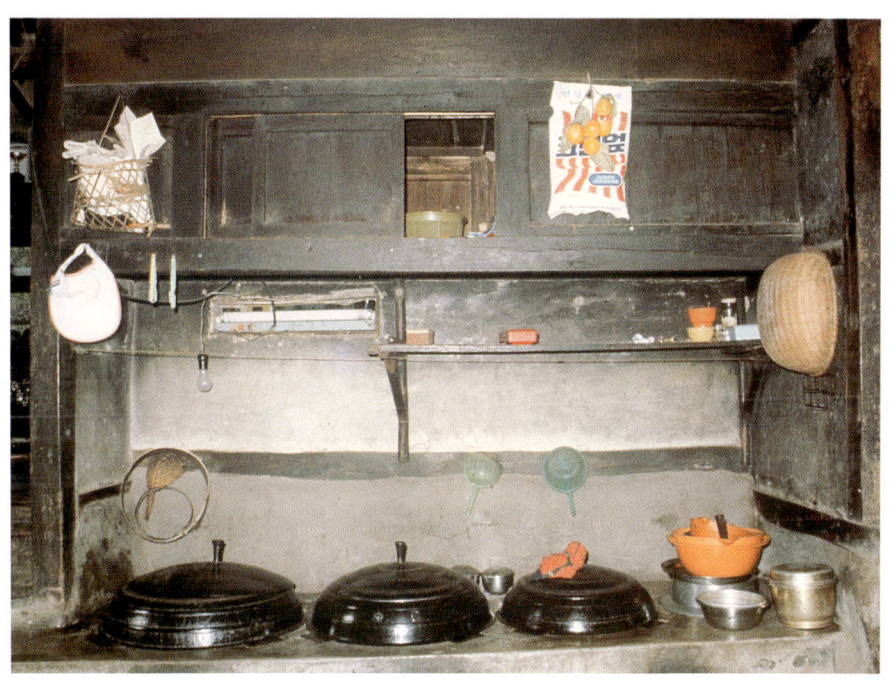

덕적도 중류 가옥의 찬장 부뚜막 위에 찬장을 짜 붙여서 쓰기 편하다.

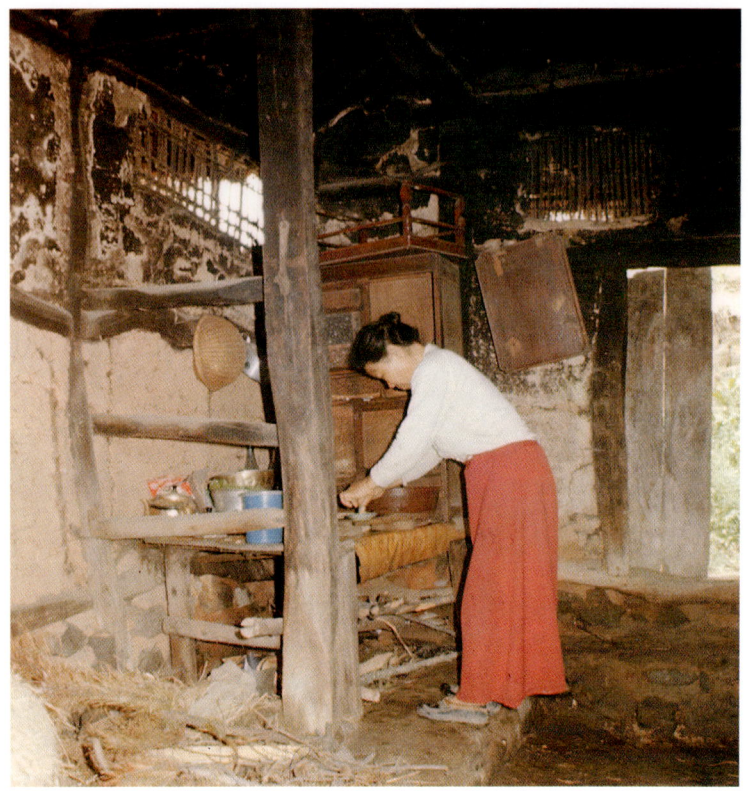

살강 살강은 부엌 뒷벽에 의지해서 걸어 놓은 선반으로, 찬장 따위를 따로 갖추지 못하는 서민 가옥에서는 조리 기구나 식기 그리고 소반 등을 얹어 둔다.

살강

살강은 부엌 뒷벽에 의지해서 걸어 놓은 선반이다. 찬장 따위를 따로 갖추지 못하는 서민 가옥에서는 조리 기구나 식기 그리고 소반 등을 이곳에 얹어 둔다. 보통 두 층으로 짜며 서까래 굵기의 가로대 사이에 널쪽을 촘촘하게 깔지만 시루 따위의 큰 그릇을 놓는 부분에는 바닥이 없다.

두멍

두멍은 부엌 한 귀퉁이에 두는 오지그릇이다. 이에 물을 길어 부었다가 필요에 따라 퍼내 쓴다. 잘사는 집에서는 무쇠로 만든 것을 붙박이로 묻어 놓기도 한다. 속이 깊고 아가리는 넓으며 흔히 널쪽으로 짠 반달꼴 나무 뚜껑 두 쪽으로 덮는다.

이것은 개인의 집 뿐만 아니라 궁중, 예컨대 경복궁의 근정전이나 창덕궁의 인정전과 선정전 그리고 창경궁의 명정전에도 있다. 이 가운데 근정전의 것이 가장 크며 겉에 만 자와 기하학 무늬도 새겨 놓았다. 이들은 물론 물을 담아 두고 쓰기 위해서가 아니라 화재를 막으려고 마련한 것이다. 이 안에 담긴 물 기운이 불 기운을 멀리 쫓아 주리라 기대하였기 때문이다. 중국에서 두멍을 '문해(門海)'라 부른 것도 같은 이치이다.

음식을 삶아 건져내거나 국물을 자주 퍼내기 쉽도록 아가리가 벌어지게 만든 무쇠솥을 두멍솥이라 부른다.

부엌 세간

부엌 세간은 빌리지도 않고 빌려 주지도 않는 것이 원칙이었다. 접시나 그릇 따위는 깨지기도 쉽거니와 사소한 것은 잊기가 십상이기 때문이다. 이러한 일이 오죽이나 잦았으면 '여인은 돌면 버리고 기구는 빌면 깨진다'는 속담까지 나왔겠는가? 물어내기도 어렵고 같은 것을 찾는 일은 더 더구나 힘들었기 때문이다. 따라서 사정을 잘 아는 노마나님들은 서로 오 가기 쉬운 떡살이나 체 따위에 '함부로 빌려 주지 말라' 라는 글귀를 적어 두기도 하였다. 이러한 생각에 음식을 만드는 기구가 복을 지어낸다는 관념이 깔려 있었던 것은 물론이다.

그렇다고는 하더라도 이웃이나 일가 친척이 뻔히 있는 줄을 알고 와서 잠깐만 빌려 달라는데 시침을 떼는 것은 차마 못할 짓이었다. 이처럼 난처한 경우를 누구나 수도 없이 겪어 가며 살 수밖에 없었고 앞의 글귀를 써 놓은 노마나님들 또한 예외가 아니었다. 그래서 차선책으로 생각해낸 것이 물건에 주인 이름과 주소를 새겨 두는 일이었다. 그것으로도 모자라다 싶으면 물건을 만들거나 사들인 날짜까지 박아 놓았다. 다음은 경상북도 영주시 봉화읍 닭실마을의 권씨 집 체에 적힌 글이다. "쥬인 종택 무진 삼월 십칠일 이룩하엿스니 앗겨 슬지어다 만사 대길 재수 대통하리라."

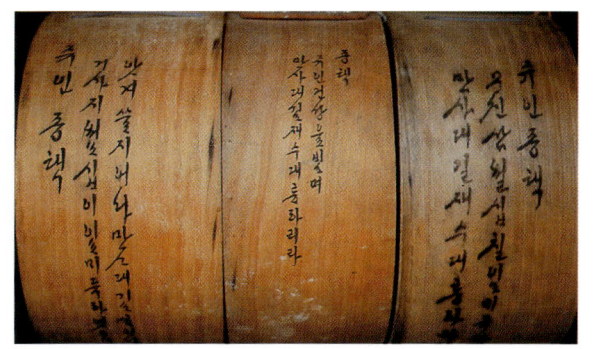

권씨 집 체에 적힌 글귀 음식을 만드는 기구가 복을 지어낸다는 관념으로 권씨 집의 체에 '앗겨 슬지 어다 만사 대길 재수 대통 하리라' 는 등의 글귀를 적어 놓았다.

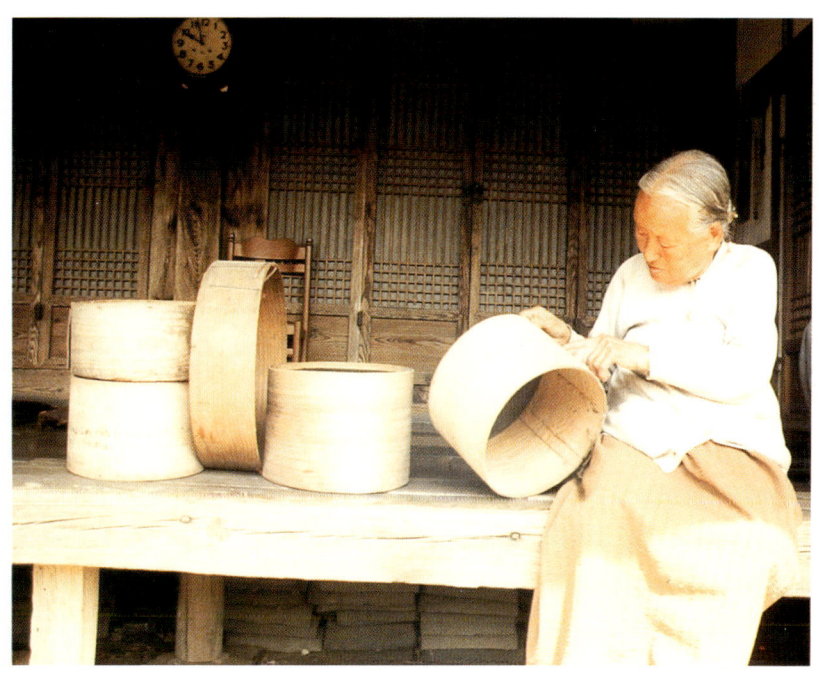

체를 살피는 노인   전라남도 보성군 어떤 집의 할머니가 체를 살피고 있다.

부엌 세간은 반찬을 만드는 기구, 음식을 떠 옮기는 기구, 별식을 만드는 기구, 식기류, 소반류, 기타 기구 등으로 나누어 설명한다.

반찬을 만드는 기구

쟁개비
오늘날 냄비로 불리는 기구로, 발이 없는 대신 손잡이가 달렸다. 구리나 쇠로 만든 삼국시대 쟁개비〔鐎斗〕의 손잡이는 매우 길다. 숯불에 박아 놓고 앉은 자리에서 전골을 끓이는 무쇠로 만든 것이 '전골 냄비'이며, 그 꼴이 벙거지를 젖혀 놓은 듯해서 흔히 '벙거지골'로 불렸다. 가운데가 움푹해서 국물을 끓이는 외에 고기나 두부 따위를 익히기도 한다. 곱돌 벙거지골은 음식이 얼른 식지 않아 첫손에 꼽혔다.

전골 냄비로는 전골 요리밖에 만들 수 없으나, 냄비는 전골 뿐만 아니라 국처럼 국물이 있는 음식도 끓인다. 그리고 냄비에는 반드시 뚜껑이 있고 운두도 전골판보다 높다.

신선로(神仙爐)
복판에 숯불을 피우고 둘레에 여러 가지 재료를 넣어 끓이며 먹는 그릇 겸 화로이다. 놋쇠나 백통으로 만들며 크기는 높이 20센티미터에 지름은 17센티미터쯤 된다. 이것으로 끓인 음식은 '입 안에서 살살 녹을 만큼 맛이 좋다'고 하여 '열구자탕'이라 부른다. 신선로라는 이름 또한 '신선이 쓰는 화로'라는 뜻이다.

번철(燔鐵)
전유어나 빈대떡 따위를 부치는 쇠판이다. 발이 없는 것과 세 발이 달린 것의 두 가지가 있으며 솥뚜껑처럼 둥글넓적하고 운두나 손잡이가 달리기도 한다.

　예전에는 지짐질을 할 때 기름을 무나 호박 조각에 묻혀서 둘렀다. 이렇게 하면 기름도 덜 들고 고루 둘러지기 때문이다. 한꺼번에 많은 손님을 치를 때에는 소댕에도 부친다.

석쇠

　네모지거나 둥글게 짠 쇠테두리에 철사나 구리실로 그물코처럼 잘게 떠 놓은 기구이다. 화로 위에 올려 놓고 생선이나 고기, 떡 따위를 굽는 데에 쓴다. 예전 대갓집의 것은 넓적한 틀에 가는 쇠 여러 개를 가로 걸어 만들었다. 석쇠를 숯불에 놓을 때에는 삼발이나 걸쇠 위에 얹어야 알맞게 익힐 수 있다.

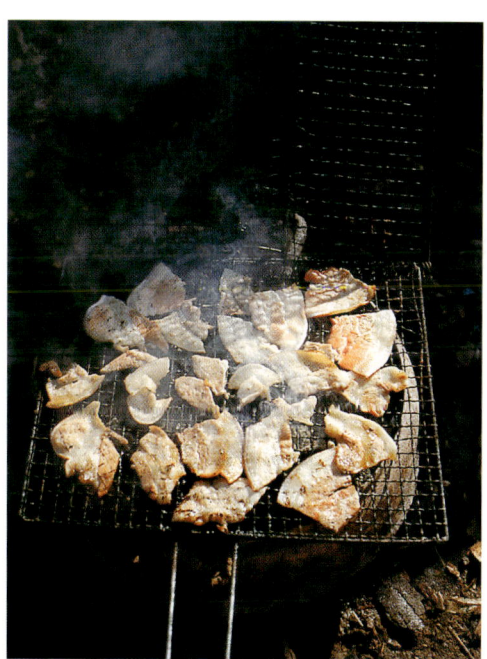

석쇠　네모지거나 둥글게 짠 쇠테두리에 철사나 구리실로 그물코처럼 잘게 떠 놓은 기구로 화로 위에 올려 놓고 생선이나 고기, 떡 따위를 굽는 데에 쓴다.

뚝배기

찌개나 지짐이를 끓일 때 쓰는 오지그릇으로 투가리, 툭박이, 툭배기, 둑수리, 툭수리 등으로 불린다. 고려시대에 나와서 조선시대를 거쳐 오늘날에도 널리 쓰이는 우리네 대표적인 부엌 세간이다.

'뚝배기' 하면 곧 된장찌개를 연상하리만큼, 일반 가정에서는 뚝배기에 이 찌개를 자주 끓여 먹는다. 언제 돌아올지 모르는 남편을 기다리며 찌개 뚝배기를 화로 위에 올려 놓았다가 내려놓는 과정을 반복하는 아낙네를 이상적인 주부로 여긴 적도 있었다.

이것은 냄비처럼 빨리 끓지는 않으나 쉽게 식지 않는 까닭에 예전에는 설렁탕이나 곰탕 따위의 탕류를 파는 집에서 많이 썼다. 입지름이 9.5센티미터, 높이가 6센티미터 정도인 크기가 매우 작은 알뚝배기는 달걀 따위를 찌는 데에 안성맞춤이다.

이중으로 손해를 입은 것을 '뚝배기 깨고 장 쏟았다' 고 이르며, 듣기 싫은 소리는 '뚝배기 깨지는 소리' 에 비긴다. 또 겉모양은 좋지 않으나 속이 훌륭한 것을 일러 '뚝배기보다 장 맛' 이라 하고, 분에 못 이겨 화풀이를 해보았지만 시원치 않은 것을 '뚝배기로 개 때렸다' 고 말한다.

자배기

둥글넓적하고 아구리가 쩍 벌어진 오지그릇이다. 보리를 대끼거나 남새를 씻고 절일 때, 그리고 나물을 삶아 물에 불리거나 떡쌀 따위를 담그는 데에 쓴다.

옹자배기

주둥이보다 배가 너르고 둥글며 바닥이 좁은 질그릇이다. 흔히 옹배기로 불린다. 죽, 막걸리, 조청 따위를 담아 두며 아낙네들이 물을 여 나를 때 사용하기도 한다.

이것은 질로 된 것과 오지로 된 것의 두 가지가 있다. 질옹자배기는 진흙으로만 구운 까닭에, 겉이 윤기가 없어 거칠거칠하나 오지옹자배기는 매끄럽다. 액체를 따르기 쉽도록 귀때가 달리게 구운 것은 귀옹자배기이다.

도마

식품을 썰거나 다질 때 받침으로 쓰는 두터운 나무토막이다. 예전에는 굵은 통나무의 한쪽을 평평하게 깎아 썼다.

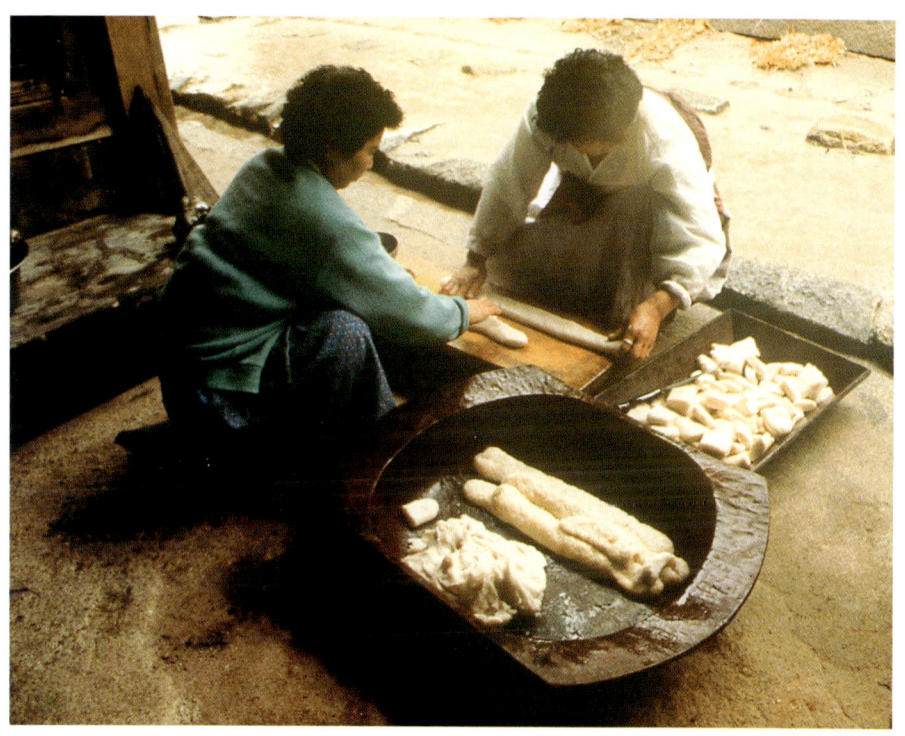

도마 큰 함지박 안에는 떡이 담겨 있고 아낙네들이 도마 위에서 떡을 썰고 있다. 예전에는 굵은 통나무의 한쪽을 평평하게 깎아 도마를 만들었다.

칼

칼에는 식칼, 채칼, 창칼 따위가 있다.

식칼은 음식을 만들 때 쓰는 큰 칼이다. 부엌칼 또는 식도라고도 하며 무쇠로 만든다. 제가 제 일을 하기가 어려운 경우를 '식칼이 제 자루는 깎지 못한다'고 이른다.

채칼은 무우나 오이 따위의 채를 치는 데 쓰는 칼이고, 창칼은 어린이가 봄철에 나물 따위를 캐는 데에 쓰며 크기는 여러 가지이다.

다투다가도 곧 풀려서 두 사람 사이에 아무런 틈이 생기지 않는 것은 '칼로 물 베기'이고, 몹시 위태로운 일을 벌이는 것은 '칼 물고 뜀뛰기'이다. 또 기가 막히도록 분하고 억울한 심정은 '칼을 물고 토할 노릇'이며, 하잘것없는 상대에게 지나치게 화를 내는 것은 '모기 보고 칼 빼기'이다. 또 이미 죽기를 각오한 사람에게는 두려움이 없음을 '도마 위의 고기가 칼을 무서워 하랴'고 이른다.

강판

생강이나 무, 과일 따위의 즙을 내는 데 쓰는 기구로, 한쪽 바닥에 잔 톱니가 촘촘하게 박혀 있다. 사기나 양은으로 만든다.

음식을 떠 옮기는 기구

주걱

밥 따위를 그릇에 떠 옮기는 것으로 동그레한 바탕에 긴 자루가 달렸다. 나무를 깎아 만들지만 고려시대에는 놋쇠 주걱을 많이 썼고 조선시대에 들어와 용도가 다양해지면서 대나무 주걱도 나왔다.

솥에서 밥을 풀 때에는 주걱의 끝이 집 안쪽으로 향하도록 '들이 푸는 것' 이 원칙이었다. 밖으로 향하면 집의 복이 나간다고 믿었던 것이다. 또 이것으로 밥을 푸는 데에서 '밥 푸다 말고 주걱 남 주면 살림 빼앗긴다' 고 하여 남에게 주걱을 빌려 주면 재산이 줄어드는 것으로 알았다. 밥은 쌀이고 쌀은 재산이었기 때문이다. 주부는 남편의 밥을 제일 먼저 그리고 직접 펐고 그 다음에라야 아랫사람에게 주걱을 넘겨 주었다.

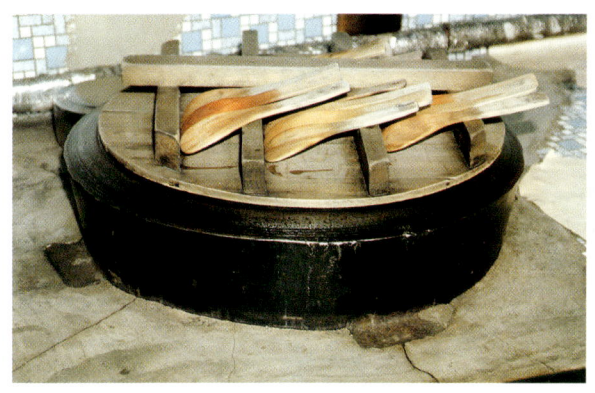

동학사 가마솥 위의 주걱　물에 씻은 주걱을 말리기 위해 가지런히 놓았다. 작은 일에도 정성을 기울이는 마음 씀씀이가 확연하다.

우리는 시어머니가 며느리에게 살림을 물려줄 때 열쇠 꾸러미를 넘기지만, 일본에서는 주걱을 건네준다. 곧 우리 주부권의 상징은 열쇠이고 저쪽의 그것은 주걱인 것이다. 이를 통해서도 명분을 위주로 삼는 우리 생각과 실리를 따지는 일본 사람들의 생활 태도를 알 수 있다. 뒤주에서 쌀을 아무리 많이 퍼서 밥을 짓더라도 푸는 이가 꾹꾹 눌러 담아 주지 않으면 배를 불릴 수 없는 것이다.

한편, 구두를 신을 때 발뒤축에 대고 발이 잘 들어가도록 하는 것을 구둣주걱이라고 한다.

국자

국이나 찌개 따위의 액체로 된 음식을 떠 옮기는 기구이다. 놋쇠로 만들며 바탕이 움푹하게 패이고 수직의 긴 자루가 달렸다. 형태와 크기는 용도에 따라 달라서 죽을 뜨는 것은 깊이가 얕은 대신 바닥은 네모꼴이다. 또 자루가 수평으로 달린 것도 쓴다. 우리 음식의 80퍼센트는 물기가 많은 음식이어서 아무리 가난한 집에도 이것만은 있게 마련이다.

구기

독 속의 술 따위를 떠내기 좋게, 긴 자루가 수직으로 달린 기구이다. 놋쇠로 만들며 국자에 비해 울이 좁은 대신 바닥이 깊다.

술을 뜨는 것은 술구기라 부르며 술장사하는 것을 '술구기를 들었다'고 이른다.

석자

철사로 울이 깊게 그물처럼 뜬 바탕에 긴 자루가 달렸다. 기름에 튀긴 음식을 건져내고 액체는 도로 흘러내려 보내는 데에 쓴다. 튀김의 경우, 긴 젓가락으로 건진 다음 석자에 옮겨서 서너 번 추스른 뒤에 그릇에 올린다.

복자

간장이나 기름을 좁은 병에 부을 때 쓰는 귀가 달린 그릇이다. 기름을 되는 데에는 기름복자를 쓴다. 고려시대에는 놋이나 사기제가 많았으나 조선시대에는 나무, 도기, 오지, 사기, 곱돌 등으로 만든 것이 나왔다.

용수

대쪽이나 싸리 또는 버들가지로 통처럼 좁고 깊숙하게 결은 그릇이다. 술을 뜨거나 장을 거르는 데에 쓴다. 민족 항쟁기에는 죄수들을 밖으로 데리고 다닐 때 머리 위에 이것을 씌워서 얼굴을 가렸다. 이것은 짚으로 뜨며 그 꼴이 갓을 닮은 데서 용수갓이라 불렀다.

복이 없는 사람은 운수가 좋을 때에도 그것을 감당하지 못한다는 뜻으로 '용수에 담은 찰밥도 엎지르겠다'고 한다. 또 사리에 맞지 않는 제 의견만 고집할 때 '용수가 채반이 되게 우긴다'고 이른다.

바가지

박을 쪼개어 만들거나 또는 다른 재료로 그와 비슷하게 만든 그릇을 말한다. 주로 액체를 푸거나 붓는 데에 쓰며 크기나 용도에 따라 이름이 다르다.

처마 밑의 바가지   박을 쪼개어 만들거나 또는 다른 재료로 그와 비슷하게 만든 그릇으로 주로 액체를 푸거나 붓는 데에 쓰며 크기나 용도에 따라 이름이 다르다.

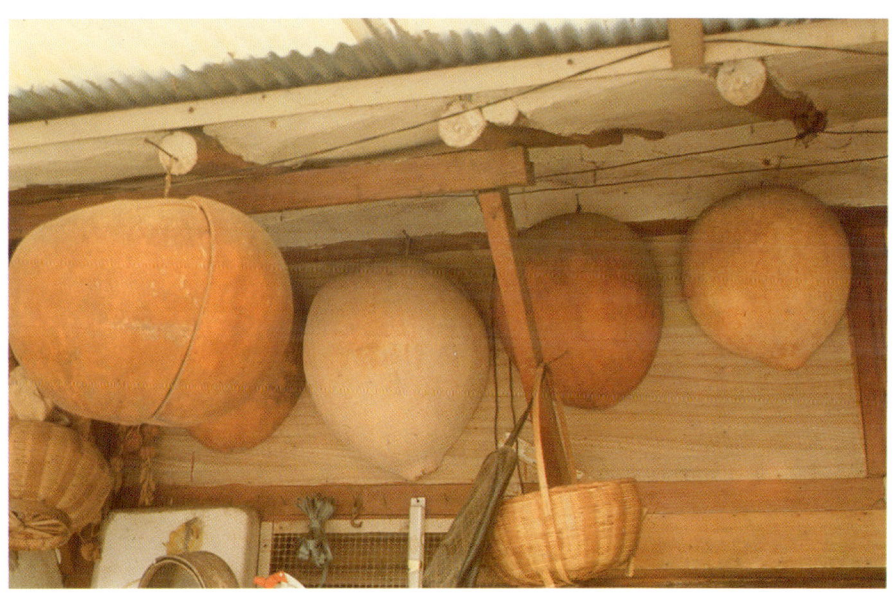

서너 사람 몫의 한때 음식을 담을 만큼 큰 것은 가달박, 약수를 뜨는 것은 표주박, 간장 그릇 따위에 띄워 놓고 쓰는 것은 쪽박, 호로병을 닮은 것은 호롱박이다. 호롱박은 손잡이가 달리고 용량이 적어 장을 뜨기에 알맞다. 그래서 쌀바가지, 물바가지, 장바가지라고도 한다.

또한 바가지 바닥에 촘촘하게 구멍을 뚫어서 국수를 빼는 기구로도 삼았다.

바가지는 '물 한 바가지'나 '쌀 한 바가지'처럼 들이의 단위로도 쓰이며, '주책바가지' 같이 일부 이름씨에 붙어 어떤 일을 자주 되풀이하는 사람을 낮잡거나 조롱하는 뜻을 나타내기도 한다.

한편, 탈은 주로 바가지로 만드는 데에서 '탈바가지'라는 말이 나왔다. 헌병은 반드시 화이버를 쓰는 까닭에 '바가지'라고도 불린다.

바가지는 주로 아낙네가 쓰므로 아내가 남편에게 잔소리나 불평을 터뜨리는 것을 '바가지 긁는다'고 하며, 아내와 남편과의 싸움은 '바가지 싸움', 남의 속임수에 넘어가 손해를 보았을 때는 '바가지 썼다'고 이른다. 또 거지가 된 것은 '쪽박을 찼다'고 하며, 바가지를 들고 구걸을 할 정도로 생활이 몹시 어렵게 된 처지는 '쪽박 신세', 당황하여 저도 모르는 사이에 어리석은 방법으로 변을 벗어나려 하는 것을 '쪽박 쓰고 비 피하기'에 빗댄다. 사전에 아무 준비도 없이 일을 벌이는 것은 '바가지 없는 거지'에 비긴다.

예전에는 돌림병이 돌 때 병마가 소리에 놀라 달아나라고 집집의 마루나 토방에서 쪽박 문지르는 소리를 내었다. 이것이 '쪽박굿'으로 곳에 따라 베 짜는 북을 문지르기도 한다.

또 '객귀 물림'도 있다. 무당이 여러 가지 음식이 담긴 바가지를 병자의 머리 맡에서 세 번 두들기며 둘러댄 다음, 식칼로 귀신을 몸에서 떼어서 바가지에 담는 시늉을 짓고 '네 이 망한 귀신 썩 물러가라' 소리 지르면 병이 낫는다는 것이다.

숟가락

우리는 적어도 1세기 이전부터 숟가락을 써 왔다. 황해도 황주의 신석기 초기 유적에서 나온 구리 숟가락이 그 증거로, 봉은 8×9센티미터로 네모에 가깝다. 그리고 5세기 후반의 신라 금관총(金冠塚)에서는 은제 세 잎과 금동제 한 잎이 선보였다. 봉의 크기는 3×4센티미터에 지나지 않지만, 당시의 왕족이 은 숟가락을 쓴 사실은 흥미롭다.

충청남도 공주의 무녕왕(501~523년) 무덤에서 나온 세 잎의 구리 숟가락과 한 잎의 구리 젓가락은 매우 귀중한 자료이다. 하나의 길이는 20.4센티미터로 오늘날의 것과 비슷하며 총의 허리는 잘록하고 끝으로 가면서 부챗살처럼 퍼졌다. 그리고 봉은 연꽃을 닮았고(길이 7.7센티미터, 너비 4.4센티미터) 봉 끝에서 총 끝까지 다섯 줄의 돋을무늬를 새겨서 맵시를 내었다.

고려시대에 접어들면서 숟가락은 우아하고 가냘픈 모습으로 바뀐다. 총 끝은 갈라져서 제비 꼬리를 닮고 허리는 활등처럼 휘며 봉은 연꽃처럼 좁고 길어지는 것이다. 고려는 청자의 나라였던만큼 임금은 청자 숟가락을 쓰는 호사를 누렸다. 국립중앙박물관에 수장된 이 숟가락의 연꽃 봉 안에는 구름 속에 노니는 용이 보인다.

이에 비해 조선시대의 봉은 넓고 둥글며 실팍한 모습으로 탈바꿈한다. 아름다움보다는 실용성이 앞선 것이다. 은 숟가락은 왕가에서만 썼고 19세기 말에 이르러서야 중산층에 퍼졌다. 서민들의 것은 놋쇠나 백통제가 대부분으로, 놋쇠 숟가락은 봉이 모지라져서 일 자꼴이 되면 그것도 버리지 않고 누릉지를 긁거나 감자 껍질을 벗기는 데에 썼다. 백통제는 민패 외에 봉 바닥에 연봉을 새겨 넣은 연봉 숟가락과 총 끝을 네모로 편 잎 숟가락들도 나돌았다. 우리는 젓가락보다 숟가락 위주의 생활을 해왔다. 죽음도 '숟가락 놓는다' 이르고, 부자는 '밥술이나 뜨는 사람' 이라 한다. 젖을 떼는 아이는 먼저 숟가락질을 익히고 젓가락으로 넘어간다. '숟가락을 엎어 놓으면 해롭다'거나 '술을 가까이 잡으면 이웃으로 시집가고 멀리 잡으면 먼 데로 간다'고 하여 생활의 잣대로도 삼았다.

수저를 상에 놓는 경우, 순가락을 앞쪽에 두며, 젓가락을 쓰지 않을 때에는 제자리에 두지만 순가락은 반드시 밥이나 국그릇에 놓았고 이것을 상위에 놓으면 식사가 끝난 것으로 여겼다.

우리가 이처럼 순가락을 애용한 것은 유달리 물기 많은 음식을 좋아했기 때문이다. 지금도 대부분의 사람들은 반찬이 아무리 많아도 국이나 찌개가 없으면 밥을 먹은 느낌을 가지지 못한다. 밥그릇을 언제나 상의 앞줄 중간에서 왼쪽에, 그리고 국그릇을 오른쪽에 놓으며 국물이 있는 반찬은 사람으로부터 가까이에, 마른 반찬은 멀리 두는 것도 마찬가지이다.

임금도 수라상을 받으면 먼저 동치미 국물을 한술 떠서 마신 다음, 밥을 뜨고 국과 함께 먹는 것이 법도였다. 일반에서도 물기 있는 음식으로 입 안을 적시는 일을 '술 적심'이라 하였다. 속담도 순가락과 연관된 것은 많지만 젓가락에 관한 것은 '젓가락으로 김칫국 집어 먹을 놈'한 가지뿐이지만 공교롭게도 국이 들어 있다.

국물을 얼마나 좋아했으면 이른바 '노른자위'를 국물에 비기고 '국물 있사옵니까'라는 연극까지 유행했겠는가? 어린이들도 이것이 없으면 큰일이 나는 줄 알아서, 상대에게 겁을 줄 때 '너 국물도 없다'고 하였던 것이다. 순가락은 중국에서 생겨나 우리나라를 거쳐 일본에 들어갔지만 이렇듯 그 문화를 꽃피운 것은 우리뿐이다.

젓가락

우리네 첫 젓가락은 백제의 무녕왕 무덤에서 나왔다. 길이 21.5센티미터의 이 젓가락은 양끝(지름 0.3센티미터)이 가운데(0.5센티미터)보다 가늘다. 고려시대의 젓가락 가운데에는 총 끝이 4각, 6각, 8각을 이룬 것이 적지 않다.

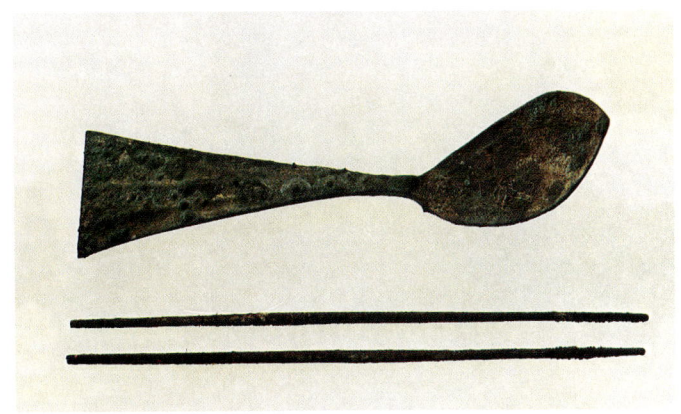

무녕왕 무덤 출토 구리 수저 숟가락은 길이가 오늘날의 것과 비슷하며 총의 허리
는 잘록하고 끝으로 가면서 부챗살처럼 퍼졌다. 젓가락은 가운데가 양끝보다 굵다.

양반은 돈을 손에 직접 대지 않는 것이 법도라고 하여, 기생에게 놀음
차를 줄 때에도 젓가락으로 집어 주었는데 이것이 '젓가락 돈'이다. 식구
가 여럿이어서 많은 젓가락을 쓰는 집에서는 사기로 구운 젓가락 통을 따
로 마련하였다. 그리고 주막처럼 여러 사람이 모여드는 데에서는 몸이 두
개인 젓가락 통을 두고 한 곳에는 손님이 쓴 것을, 다른 곳에는 씻은 것을
꽂아 놓았다. 이들 젓가락 통의 아랫도리에는 구멍이 있어서 물이 빠져
나간다. 오늘날 젓가락을 쓰는 데는 우리나라와 중국, 일본, 베트남뿐이며
이 가운데 일본이 본고장이다.

별식을 만드는 기구

시루
떡이나 쌀을 찌는 데 쓰는 그릇이다. 질시루가 가장 많고 오지시루도 적

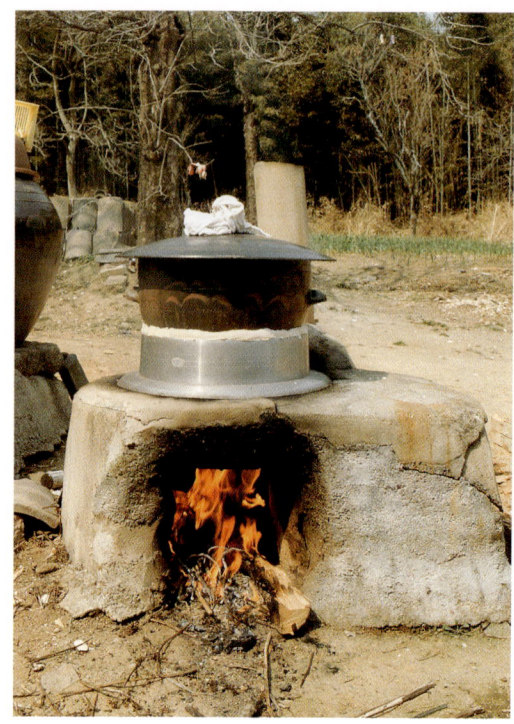

시루 떡이나 쌀을 찌는 데 쓰는 그릇으로 바닥에 여러 개의 구멍이 있어 뜨거운 김이 통한다. 시루에 음식을 익힐 때에는 재료가 흘러 떨어지지 않도록 시룻밑을 깔고 짚으로 두텁게 겯은 시룻방석을 덮는다.

지 않으며 사기, 놋, 구리로 만든 것도 있다. 바닥에 여러 개의 구멍이 있어 뜨거운 김이 통한다. 놋시루에는 경단이나 송편 그리고 갈비 따위를 찐다. 우리네 가장 오랜 시루는 청동기시대의 함경북도 나진시 초도 유적에서 나왔다.

시루에 음식을 익힐 때에는 재료가 흘러 떨어지지 않도록 시룻밑을 깔고 짚으로 두텁게 겯은 시룻방석을 덮는다.

시루 바닥에 구멍이 나 있는 데에서 아무리 돈을 들이고 수고를 해도 보람이 없음을 '시루에 물 퍼붓기'라 하며 자갈이나 모래가 많고 갈이 흙이 얕아 물이 쉽게 새는 논을 '시루논'이라 부른다. 필요한 것을 찾지만 가망

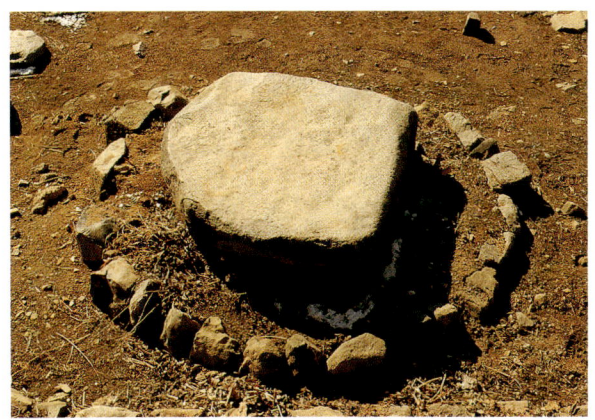

떡돌 떡을 워낙 자주 하는 집에서는 위를 판판하게 다듬은 둥근 떡돌을 부엌 근처에 놓고 쓴다. 주위에 조막돌을 둘러서 떡돌이 매우 귀한 존재임을 나타내었다.

이 없음을 '섣달 그믐날 시루 얻으러 다니기', 아무짝에도 쓸모없는 물건은 '깨어진 시루'라 일컫는다.

안반

안반은 큰일 때 과방(果房)에서 음식을 만들거나 반죽을 하고 인절미를 만들 때 쓰인다. 두텁고(약 15센티미터) 넓은 나무판(약 1×1.5미터)으로, 떡판이라고도 한다.

안반에는 세 종류가 있다. 두텁고 너른 나무에 짧은 발을 단 것과 통나무로 구유처럼 우묵하게 판 떡구유 그리고 위를 평평하게 다듬은 둥글넓적한 떡돌이 그것이다. 떡구유에는 양 마구리를 터놓은 것도 있다.

구유 안반은 강원도와 함경도 지방에 많으며 떡돌은 경상도의 상류 가옥에서 볼 수 있다. 좁고 긴 나무판 한쪽을 우묵하게 파서 이곳에서 떡을 치고 반반한 데서는 썰도록 만든 것도 있다.

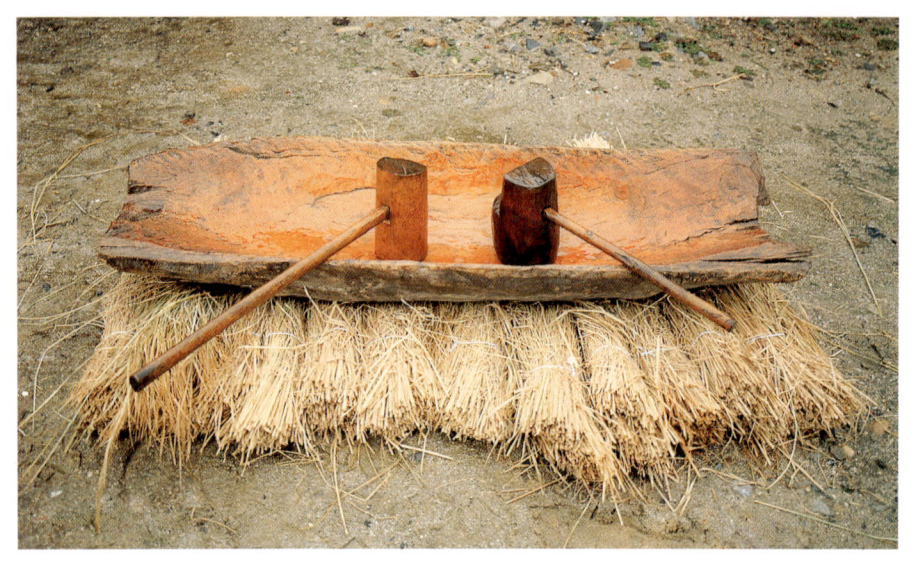

떡구유와 떡메　강원도 북부 지방에서는 통나무를 구유처럼 파서 떡판으로 쓰며 이를 '떡쾡'
이라 부른다.

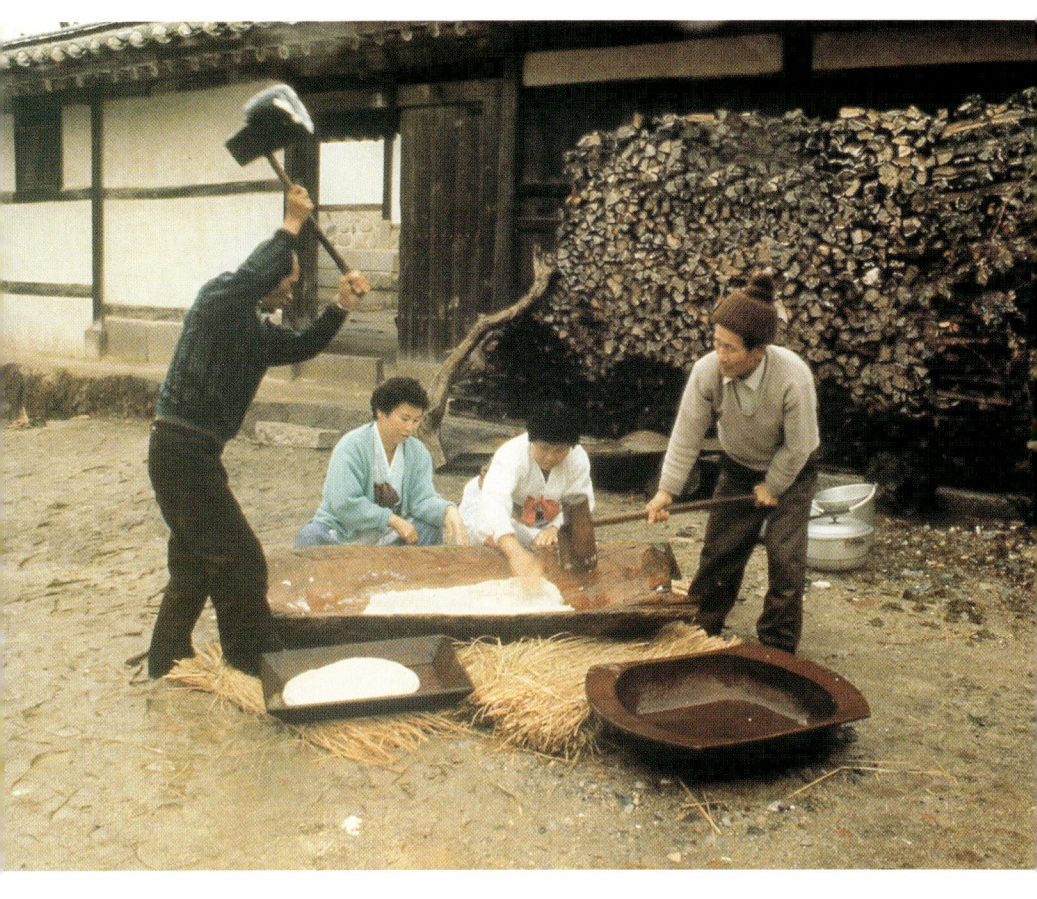

떡 치는 모습 두 남정네가 번갈아 가며 떡메를 내리치고 두 아낙은 밀려나오는 떡의 네 귀를 안으로 접어 붙여서 찐 쌀이 고루 쳐지도록 돕는다.

넓적 안반은 느티나무 그리고 떡구유는 피나무로 만든 것을 으뜸으로 친다.

떠날 줄 모르고 무엇에 열중한 사람은 '떡판에 엎드러졌다', 바느질 솜씨나 다른 일 솜씨가 어지간히 없음은 '안반 이고 보 막으러 가겠다', 자기 재주가 모자람에도 기구를 탓하는 이는 '서투른 과방 안반 타박한다', 상상도 불가능한 염치없는 짓을 저지름은 '비위가 떡판에 가 넘어지겠다', 사리를 잘 알면서도 모르는 체 자기 욕심만 채움은 '미친 체하고 떡판에 엎드린다' 고 이른다.

본굿으로 들어가기 전에 굿 자리와 집 둘레를 깨끗하게 하고 또 이를 조상신과 성주에 알리는 굿은 '안반굿' 이다. 안반이 두텁고 너른 데에서 넓적하고 뚱뚱하게 살진 엉덩이를 '안반 엉덩이' 라 하고, 서로 붙들고 엎치락뒤치락하면서 힘을 겨루는 일은 '안반뒤지기' 라고 한다.

떡메

지름 15센티미터, 길이 20센티미터쯤 되는 둥글고 기름한 나무토막에 긴 손잡이가 달린 것이다. 이것은 회양목으로 깎은 것이 가장 좋다.

떡살

흰떡의 겉에 여러 가지 무늬나 모양을 찍어내는 기구이다. 나무를 파서 만든 것은 대체로 좁고 길며 사기나 자기로 구운 것에는 둥근꼴이 흔하다. 무늬는 꽃, 선, 길상 따위가 제일 많다. 사기 떡살 가운데에는 위아래 두 면을 쓰도록 만든 것도 있다. 우리 겨레는 '먹는 떡에도 살(떡살)을 박는다' 는 속담처럼, 보기에 좋고 먹음직스런 떡 만들기를 좋아하였다.

떡칼

쳐낸 흰떡을 손으로 밀어서 가래떡을 만들고 그것을 다시 돈짝만큼씩하게 떡국거리로 썰어내는 칼이다. 보통은 식칼을 쓰지만 워낙 많은 떡을 한꺼번에 썰어야 할 때에는 작두처럼 만든 특별한 칼을 이용한다. 널쪽 바닥에 고두쇠를 박고 이에 의지하여 자루가 달린 칼을 설치한 것이다.

개성 지방에서는 정초에 조랭이 떡을 나무 떡칼로 썰었다. 칼날은 일직선으로 흐르다가 칼끝 부분에서 위로 조금 둥실하게 솟았으며, 날은 무딘 편이다. 개성에서는 나무칼로 떡을 썰어야 맛이 난다고 한다.

밀판과 방망이

밀판은 가루 반죽 따위를 밀어서 얇고 넓게 펴는 나무판으로 국수판이라고도 한다. 방망이의 굵기나 크기는 각각이며 가운데 미는 부분은 굵게, 손잡이 부분은 조금 가늘게 깎는다. 적당한 방망이가 따로 없을 때에는 홍

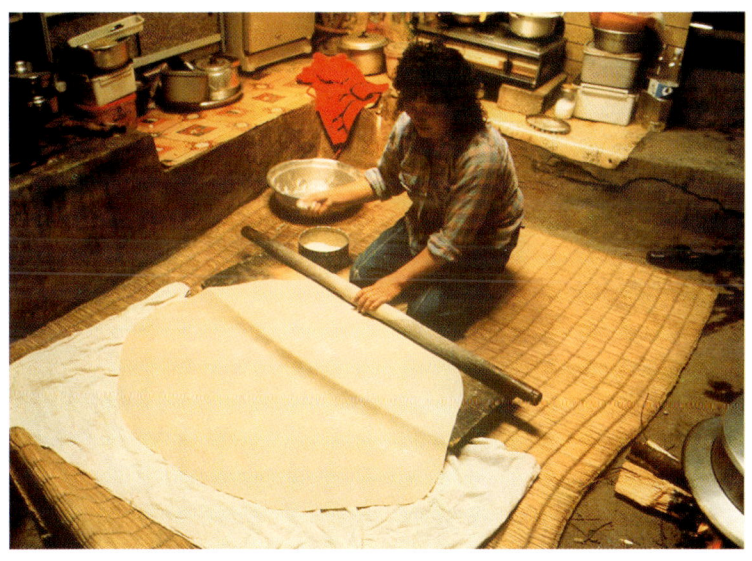

밀판과 방망이 부엌 바닥에 삿자리를 깔고 긴 방망이로 반죽을 밀고 있다. 판판하게 밀고 나서 손바닥 너비로 착착 접고 큰 칼로 싹둑싹둑 썰어 가마솥에 들어 붓는다.

두께로도 대신하는 까닭에 이를 홍두깨라고도 부른다.

다식판

우리네 전통적 과자의 하나인 다식을 찍어내는 판이다. 너비는 5~6센티미터, 긴 길이는 30~60센티미터로 널쪽 위아래에 수(壽), 복(福), 강(康), 녕(寧), 완자, 꽃 따위의 무늬가 새겨져 있다. 다식을 박을 때에는 위판을 올려 괴고 구멍에 반죽을 넣어 눌러 찍는다.

집에 따라서는 이것을 만든 날과 남에게 빌려 주면 잃어버리기 쉽다는 글귀를 새겨 둔다.

주로 단단하면서도 잘 트지 않는 배나무, 박달나무, 대추나무, 참죽나무 따위로 만든다. 우리 속담에서는 똑같은 꼴을 '다식판에 박아낸 듯하다'고 이른다.

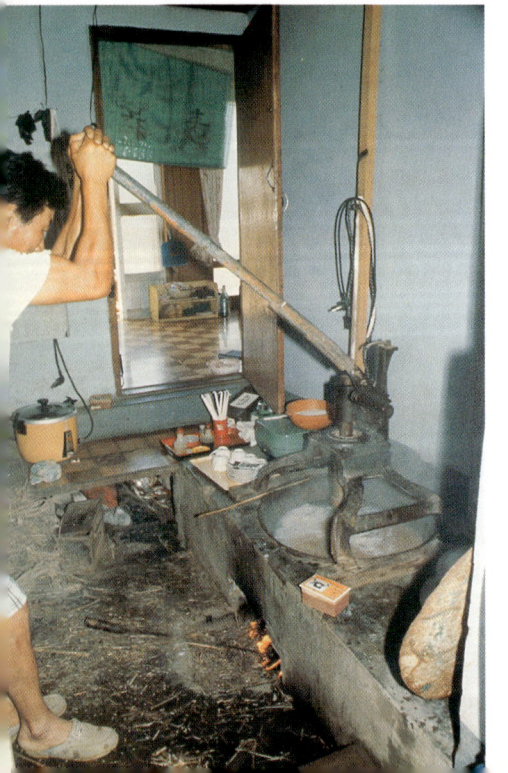

겅그레

음식을 쪄낼 때 물에 잠기지 않도록 하려고 바닥에 얼기설기 걸쳐 놓는 나뭇가지이다. 이것은 댓가지로도 만든다.

국수틀과 국수자루

가루를 반죽하여 국수분 통에 넣고 공이를 눌러서 국수를 뽑아내는 틀이다. 지렛대의 이치를 써서 긴 틀 나무 끝을 힘주어 내리누른다. 국수집에서는 이 틀을 가마솥 위에 걸고 눌러서 발을 곧바로 삶아낸다.

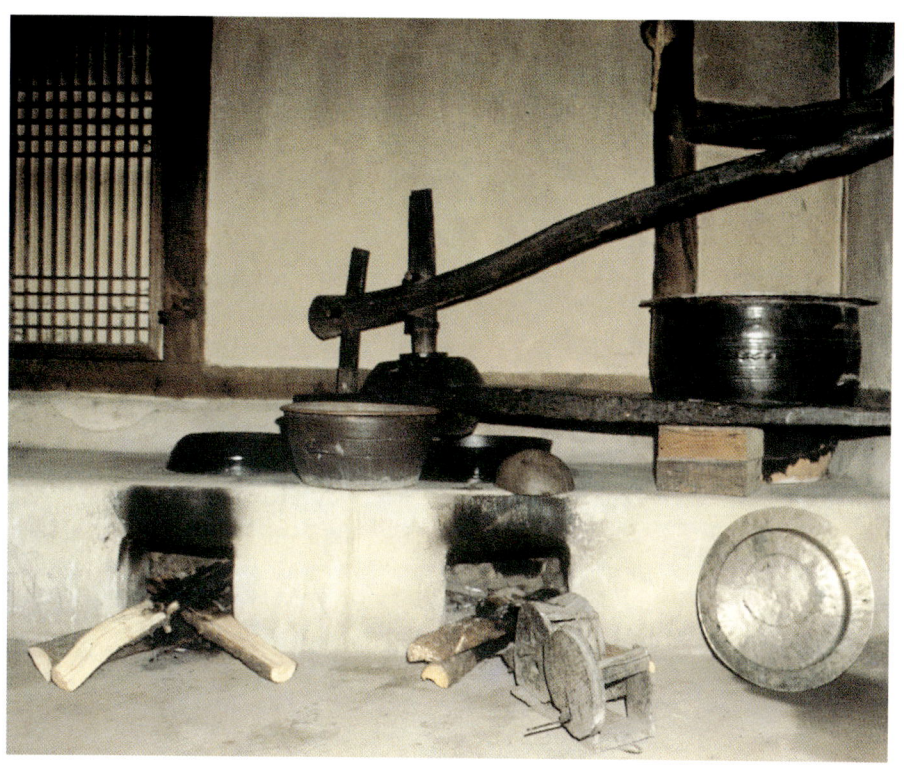

국수틀　국수나 냉면을 워낙 즐기는 평안도 사람들은 집집마다 나무로 짠 국수틀을 갖추고 생각날 때마다 내려 먹었다. 솥 위에 틀을 걸고 반죽을 통에 넣은 다음, 긴 자루 끝을 누르면 국수 오리가 빠지면서 펄펄 끓는 장국에 떨어져 익는다.(위)

개량 국수틀　밀가루 반죽을 구멍에 넣고 눌러 빼는 기계이다. 여름철에 국수를 내리는 사람은 땀 범벅을 뒤집어쓰게 마련이다.(옆면)

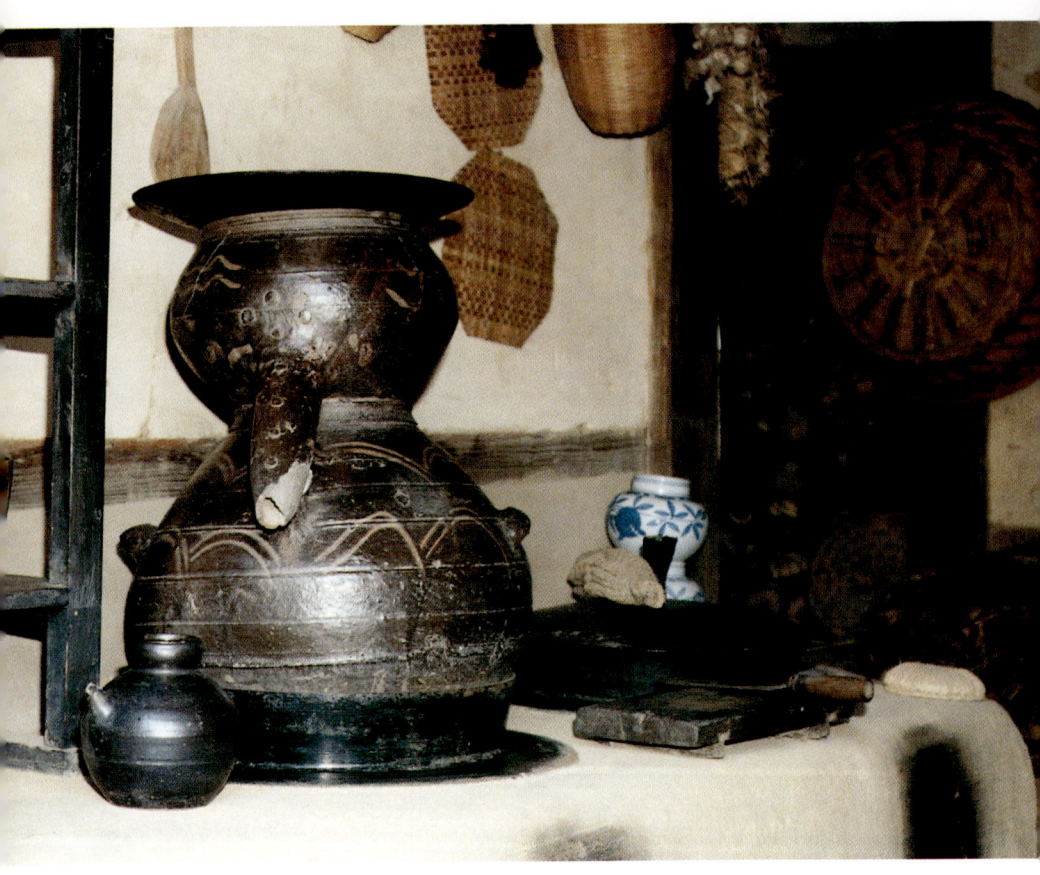

소줏고리 소주를 고아내는 증류기이다. 막걸리 따위의 재료를 솥 안에 넣고 끓이면 그 증기가 고리에 덮어 놓은 번철에 서렸다가 돼지 입꼴 주둥이로 흘러 떨어졌다.

국수자루는 삶은 국수발을 건져내는 손잡이가 달린 긴 자루이다.

소줏고리

소주를 고아내는 50센티미터 높이의 그릇이다. 오지나 구리 또는 놋쇠로 만들며 오지는 위아래가 붙어 있으나 구리나 놋쇠 제품은 두 짝이다.

오뚜기를 닮은 이 그릇의 안쪽은 뚫려 있으며 허리에는 긴 대롱이 달렸다. 놋대야나 소댕을 뚜껑으로 쓰며 소댕에는 물을 자주 갈아 부어야 한다.

구리판을 두드려 만든 소줏고리는 원통형의 그릇 밑굽으로 막혀 있다. 따라서 위로부터 원료를 밀어 넣고 자배기 따위로 덮은 다음 물을 담은 가마 안에 올려 놓고 불을 지핀다.

기름틀

국수틀처럼 지렛대의 이치를 써서 기름을 짜내는 틀이다. 가위다리꼴로 벌어진 나무 위에, 깨가 담긴 떡밥을 올려 놓고 무거운 돌을 얹으면 짜여진 기름이 홈을 타고 흘러 아래에 받쳐 놓은 그릇으로 떨어진다.

체, 쳇다리, 쳇도리

체는 가루를 치거나 술 따위의 액체를 받아내는 기구이다. 나무를 얇게 켜서 겹으로 끼운 두 개의 바퀴 사이에 말총이나 헝겊 또는 철사 등으로 바닥을 메운다. 체는 쳇불 구멍 크기에 따라 어레미, 도드미, 중거리, 가루체, 고운체로 나눈다.

한편 체는 잡귀를 쫓는 데에도 쓰였다. 설날 밤에 야광귀(夜光鬼)라는 귀신이 인간 세상에 내려와 어떤 집에 들어가서 그 집 사람의 신 가운데 맞는 것을 신고 가는데 그러면 신 주인은 한 해 동안 운수가 나쁘다는 것이다. 따라서 이를 막으려고 대문 앞에 체를 걸어 둔다. 이렇게 하면 야광귀가 밤새 쳇불 구멍을 헤아리다가 새벽녘에 이르러 신을 신어 보지도 못하

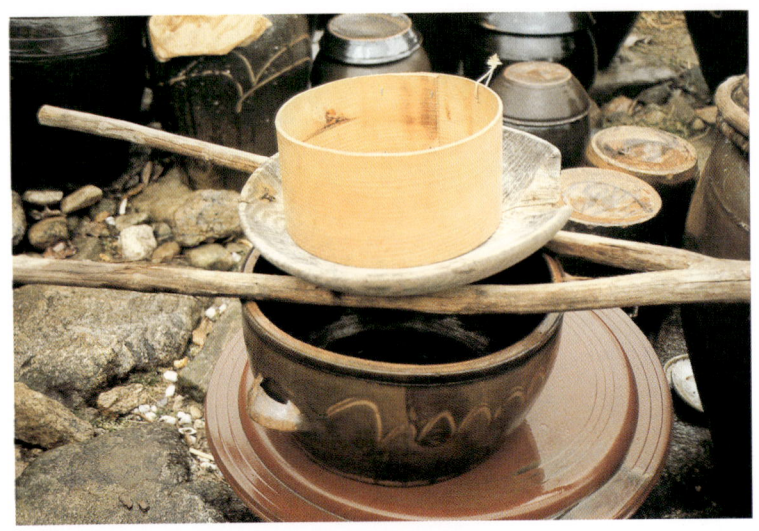

체와 쳇다리 쳇다리는 체로 밭거나 거르거나 할 때 받침으로 쓰는 가위다리꼴의 나무로, 소댕처럼 우묵하게 파낸 것도 있다.(위)

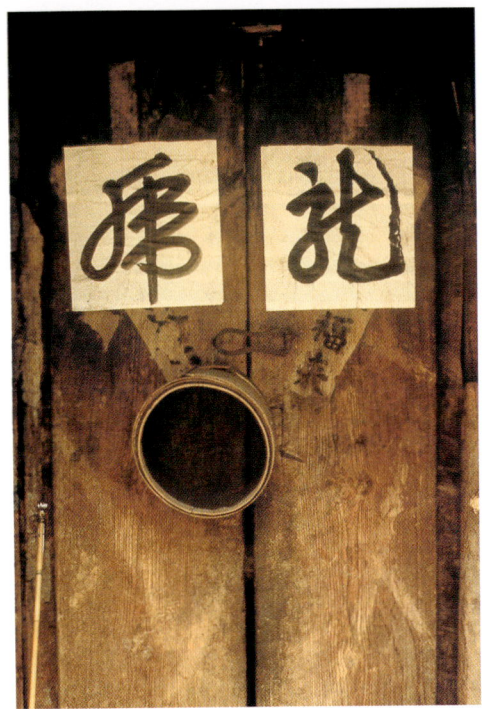

대문 앞에 걸어 둔 체 귀신이 밤새 쳇구멍을 헤아리다가 날이 새면 신을 훔쳐가지 못한다고 해서 부엌 대문 앞에 체를 걸어 두기도 한다.(왼쪽)

고 하늘로 되올라간다고 믿는 것이다.

또 경상남도 지방에서는 정월 대보름날 성이 다른 세 집의 음식을 체에 받아다가, 자기 집 절구통이나 디딜방아에 앉아서 개에게 한 숟가락 주고 자기도 한 숟가락 먹는 풍속을 지킨다. 이것이 '쳇밥'으로 그 해에는 더위를 타지 않는다고 한다.

말총을 쳇불로 쓰는 데에서 이(利)를 얻으려고 몹시 기다림을 '체 장수 말 죽기만 기다린다'고 하며 남의 사정은 아랑곳없이 제 욕심을 채우려고 많은 사람이 몰려듦을 '말 죽은 데 체 장수 모이듯'이라고 한다. 또 사람은 누구나 자기와 이해 관계가 있는 일에 관심을 가진다는 것을 '금산(錦山) 이 체 장수 말 꼬리 먼저 본다'고 빗대며 일이 순조롭게 잘 풀리는 것을 '술 익자 체 장수 간다', 진전이 없이 같은 일만 되풀이될 때 '다람쥐 쳇바

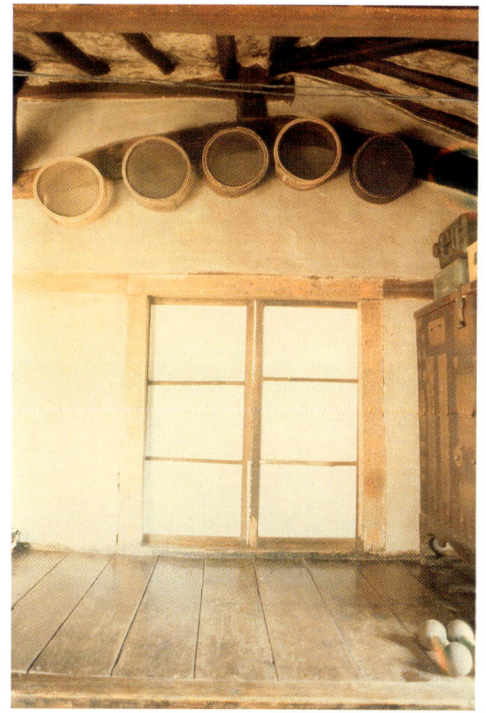

경기도 용유도의 체 체는 흔히 부엌 벽에 걸어 두지만 이를 워낙 귀하게 여기는 까닭인지 이 집에서는 안방 들 보에 나란히 걸어 놓았다.

퀴 돌듯 한다'고 이른다.

쳇다리는 체로 받거나 거르거나 할 때 받침으로 쓰는 가위다리꼴 나무이다. 소댕처럼 우묵하게 파낸 것도 있다. 이들은 동이나 함지 위에 걸쳐놓고 쓰는데 앞의 것은 가루를 내는 데에, 뒤의 것은 술과 같은 액체를 내릴 때 이용한다.

쳇도리는 술찌기미 따위를 거르는 데에 쓰는, 오지로 구운 깔대기이다.

식기류

상에 놓는 식기류에는 밥을 담는 반기류와 미음이나 죽을 담는 조반기 그리고 국이나 숭늉을 담는 대접류를 비롯하여 국수장국, 떡국, 비빔밥 따위를 담는 반병두리가 있다. 또한 절에서 밥, 국, 김치, 나물 등을 담는 바리때, 김치나 깍두기를 담는 보시기, 동치미를 담는 옹파리, 여러 가지 반찬을 담는 쟁첩과 접시, 조미류를 담는 종지 따위가 있다.

소반류

우리는 상과 소반을 함께 쓰지만 음식을 담아서 옮기는 것은 소반이고, 물건을 얹은 채 한자리에 그대로 두거나, 옮기더라도 짧은 거리에 그치는 것이 상이다. 우리는 장유유서(長幼有序)나 남녀유별(男女有別)의 유교적 덕목 때문에 겸상보다는 독상 차리는 것을 법도로 여겼다.

따라서 큰일을 치를 때에는 세물전에서 많은 소반을 세를 내고 빌렸으며, 늘 손님을 치루는 대갓집에서는 수십 개의 소반을 대청 뒤쪽 선반 위에 올려 놓고 썼다. 그리고 구들 위에서 이른바 좌식 생활을 하고 방과 부엌

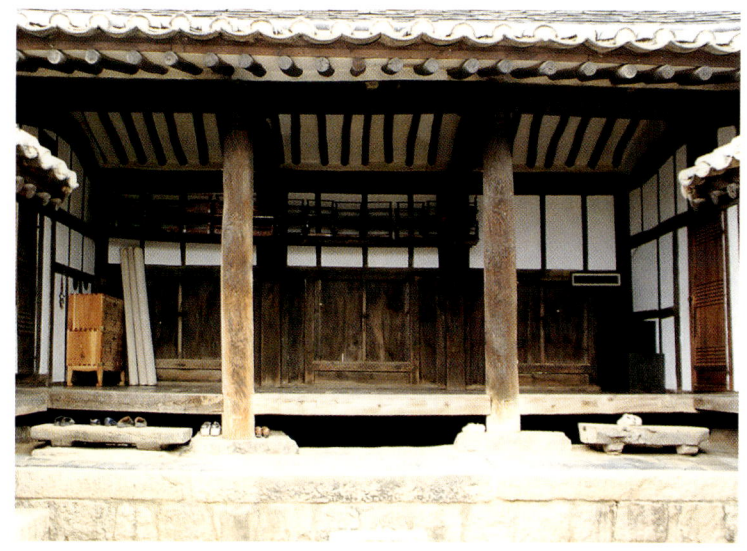

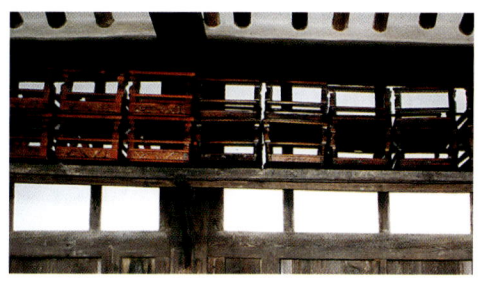

대갓집의 소반 늘 손님을 치루는 대갓집에서는 수십 개의 소반을 대청 뒤쪽 선반 위에 걸어 놓고 썼다. 또 큰일을 치를 때에는 세물전에서 많은 소반을 세를 내고 빌리기도 한다.

사이의 동선이 긴 점 등도 소반의 필요성을 높이는 원인이 되었다.

소반은 생산지와 천판의 형태 그리고 쓰임에 따라 60여 가지로 나눈다. 생산지에 따라 다른 소반의 꾸밈새는 고장 이름을 소반의 이름으로 굳혀 놓았다. 통영반(統營盤), 나주반(羅州盤), 해주반(海州盤) 따위가 그것이다. 통영반은 영남 지방에서, 나주반은 기호 지방에서, 그리고 해주반은 해서와 관동 지방에서 많이 쓰였다.

천판의 형태별로는 둥근반, 네모반, 육모반, 팔모반, 십이모반, 반달반, 연엽반, 민짜반 등으로 나눈다. 다리에도 개다리〔狗足盤〕, 범다리〔虎足

盤〕, 말다리〔馬足盤〕, 괭이다리〔猫族盤〕, 불로반(不老盤)다리, 죽절반(竹節盤)다리, 민다리가 있다. 또 그 수에 따라 일주(一柱)다리, 책상다리, 세발다리, 네발다리, 여섯발다리 따위로 불린다.

이 밖에 운반용의 공고상(公故床)과 가자, 의례용의 교자상·교배상·제상·돌상, 궁중용의 궁반과 협반이 있다. 그리고 재질에 따라 자개반, 칠반, 주칠반, 행자반 등으로 나눈다.

우리네 가장(家長)은 흔히 독상을 받고 나머지 식구들은 두루거리상에 둘러앉아 함께 먹는 것이 예사였다. 그러나 파시조의 제사나 문중 회의에 참석한 특별한 직책을 지닌 사람에게는 독상이 돌아갔다. 그가 한 가족 및 어떤 지파의 대표이기 때문이다. 제주나 손님에게 독상을 내는 것도 비슷한 이치이다. 갓 시집온 새색시에게 처음 이삼 일 동안 독상에서 밥을 먹게 하는 풍속 또한, 그네가 아직 시집 식구가 되지 않았음을 나타내는 것이다. 이러한 점에서 상은 사회적, 정치적 단위를 나타내는 상징물 구실을 하는 셈이다.

천판이 평평한 데다가 맛있는 음식을 놓는 까닭에 풍수지리에서는 소반 터를 부자가 나는 명당으로 꼽는다. 이른바 '금소반 터'는 여러 곳에 있다.

예로부터 남의 집 음식으로 제 친구를 대접하는 체면 없는 사람을 '상 둣술로 벗 사귄다'고 빗대며, 일이 확실하여 조금도 틀림없음을 '받아 놓은 밥상'이라고 한다.

기타 기구

조리
가는 대오리나 버들가지 또는 산죽으로 국자처럼 결은 것으로, 쌀을 일어 돌 따위를 걸러내는 데 쓴다. 버들가지로 엮는 국수조리는 낟알을 건지는 조리보다 훨씬 크며 불도 성기게 뜬다.

조리는 이처럼 필요한 것만 건져내는 기구인 까닭에, 풍수지리에서는 조리 터를 돈을 많이 모으는 길지로 여긴다. 쌀과 잡물을 가려내는 일을 '조리로 거른다'고 하지 않고 '조리로 인다'고 이르는 것도 이 때문이다. 조리가 복과 재산을 불려 준다고 믿었던 것이다.

그러나 경상북도 경산의 어떤 집에서는 집터가 조리꼴이어서 한 대에서는 돈을 많이 모으고, 다음 대에서는 이것을 모두 써 버리는 일을 되풀이하였다. 조리 안에 든 쌀은 한꺼번에 쏟아지기 때문이다.

일반에서는 예로부터 조리가 복을 불러들인다고 하여 쌍으로 엇걸어 잡아매고 그 안에 엽전을 넣어 대청이나 안방 머리에 달아 놓았다. 이것이 복조리로, 정월 대보름날 붉은 실로 묶은 복조리를 팔러 다닌다. 사는 쪽에서는 값을 깎으면 복이 그만큼 줄어든다고 하여 부른 대로 내는 것이 관례였다. 또 조리에 담아 두는 엽전은 '복돈'이라고 따로 불렀다.

사정이 매우 딱하여 어떻게 해서라도 돈을 얻어 일을 해야겠다는 뜻으

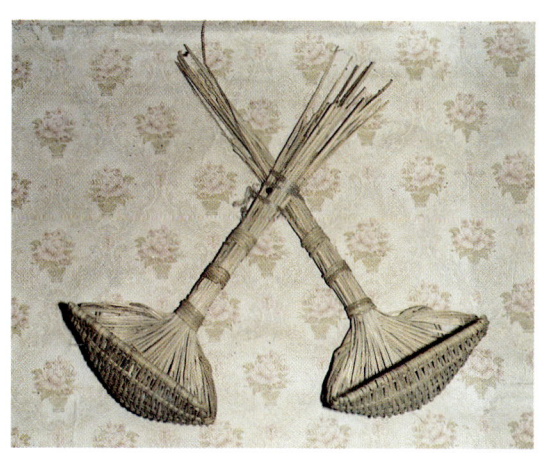

조리 예로부터 조리가 복을 불러들인다고 하여 쌍으로 엇걸어 잡아매고 그 안에 엽전을 넣어 대청이나 안방 머리에 달아 놓았다.

로 '조리 장수 매끼 돈을 내어서라도' 하며, 격에 맞지 않는 일을 '조리에 옻칠하기'라 이른다.

이남박

쌀을 씻고 일어 건지는 데 쓰는 나무 그릇이다. 크기는 윗지름 50센티미터, 깊이 15센티미터쯤이다. 안쪽 위에서부터 아래로 내려가면서 나란히 십여 줄의 이를 파 놓아서 쌀보다 더 무거운 돌이 바닥으로 흘러내려가는 것을 막는다.

개수통

그릇을 씻는 개숫물을 담아서 설거지를 하는 통이다. 강원도 등지의 산간 지방에서는 긴 통나무의 가운데를 구유처럼 우묵하게 파서 쓰며 좌우 양쪽은 도마로 이용한다. 또 경우에 따라 기름한 구멍을 두 개 만들어서 한쪽을 애벌 설거지에 쓰기도 한다. 이와 달리 도회지에는 쪽나무를 둥글게 메워서 만든 통(메운통)을 흔히 썼고, 농촌에서는 자배기나 옹배기 따위로도 대신하였다.

수도가 없었던 시절에는 설거지감을 그릇에 담아 우물로 가지고 가서 씻었다. 따라서 통나무 설거지통은 붙박이이고 나머지는 이동식이었던 셈이다.

뒤웅박

쪼개지 않고 꼭지 쪽에 주먹만한 구멍을 뚫고 속을 파낸 박이다. 뒴박, 두뱅이, 주룸박, 드룸박 등으로도 불린다. 호리병처럼 위가 좁고 밑이 넓은 박으로 만든 것도 있다.

뒤웅박에는 습기를 빨아들이는 성질이 있어서 여름철에 밥을 담아 두면 잘 쉬지 않는다. 이 밖에 씨앗을 갈무리하거나 달걀 따위를 넣어서 처마 밑이나 보꾹에 매달아 놓는다.

예로부터 까닭 모를 잔소리를 퍼 대는 것을 '담배 씨로 뒤웅박을 판다'고 하며, 도무지 의지할 데가 없음은 '끈 떨어진 뒤웅박', 방향을 잡지 못하고 이리저리 헤매는 것은 '여우 뒤웅박 쓰고 삼밭에 들었다' 고 이른다.

초병

예전에는 집집마다 촛밑을 해놓고 이따금 막걸리를 보태가며 따라 썼다. 따라서 초 맛이 집마다 다르게 마련이어서 뉘집의 것이 맛이 더 있느니 없느니 하는 품평도 돌았다.

오지초병에 지에밥과 누룩가루를 넣고 술을 조금 부어 부뚜막에 두면 삭아서 초가 된다. 이를 만들 때에는 좋은 날을 고르고 부정을 멀리하는 등의 여러 가지 금기를 지켰다.

주부들은 부엌을 드나들 때마다 초병을 흔들면서 '초야초야 나와 살자

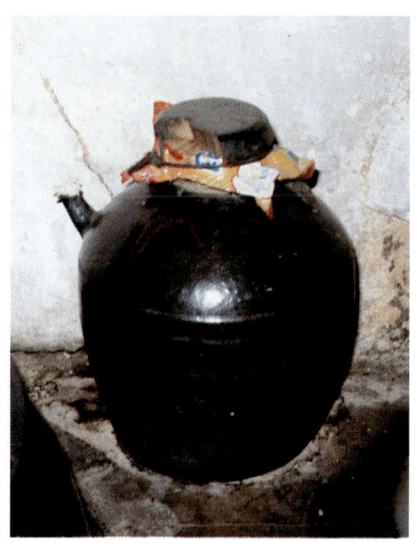

촛단지 예전에는 집집마다 촛밑을 해놓고 이따금 막걸리를 보태가며 따라 썼는데 오지초병에 지에밥과 누룩가루를 넣고 술을 조금 부어 부뚜막에 두면 삭아서 초가 된다.

나와 살자'읊조렸다. 초병을 흔들면 초산균이 잘 자라고, 삭는 데에 필요한 산소 공급도 더 잘 된다.

사람은 누구나 공짜를 좋아하는 데서 '공 것이라면 초를 술이라고 해도 마신다'고 하며, 음식에 초를 치면 맛이 좋아지는 데에서 남의 글이나 의견을 강조하려고 고치는 일을 '초 친다'고 빗댄다.

가마솔

가마에 붙은 누룽지나 때 따위를 떨거나 닦아내는 데에 쓴다. 속새풀 뿌리를 일매지게 잘라서 한 줌 정도로 둥글게 묶고, 위쪽에는 소나무 뿌리로 돌려 감아 고리를 붙였다. 부엌솔이라고도 한다.

뒤주

뒤주에는 쌀을 갈무리하는 쌀 뒤주와 팥이나 콩을 넣는 팥 뒤주가 있다. 비교적 큰 쌀 뒤주(쌀 1, 2가마들이)는 흔히 집안의 중심인 마루 뒤쪽 복판에, 그리고 이보다 작은 팥 뒤주(3, 4말들이)는 부엌에 둔다. 쌀 뒤주 위에는 흔히 여러 가지 양념 단지나 작은 항아리들을 층층이 쌓아 둔다.

쌀 뒤주에는 언제나 자물쇠를 채워 두며 필요할 때마다 주부가 직접 열고 '식되'라 불리는, 오 홉들이 바가지나 되로 쌀을 퍼냈다. 이것으로 고봉을 뜨면 여섯 홉으로, 장정의 하루 끼니가 된다. 이 일을 주부의 고유 권한으로 여겨서 아무에게도 맡기지 않는 것이 원칙이었다.

뒤주는 흔히 널빤지로 짜지만 통나무를 판 것도 있다. 통나무 뒤주는 아랫도리와 머리에 널빤지를 대어서 막고 머리 반쪽 크기의 문을 달아서 여닫는다. 이 밖에 마당 한쪽에 독채 집을 짓고 뒤주로 쓰기도 하는데 이에는 주로 나락을 갈무리하는 까닭에 '나락 뒤주'라 부른다. 충청도 지방의 중류 가옥에서는 집 옆의 처마 아래를 막고 빈지를 들여서 뒤주로도 이용한다.

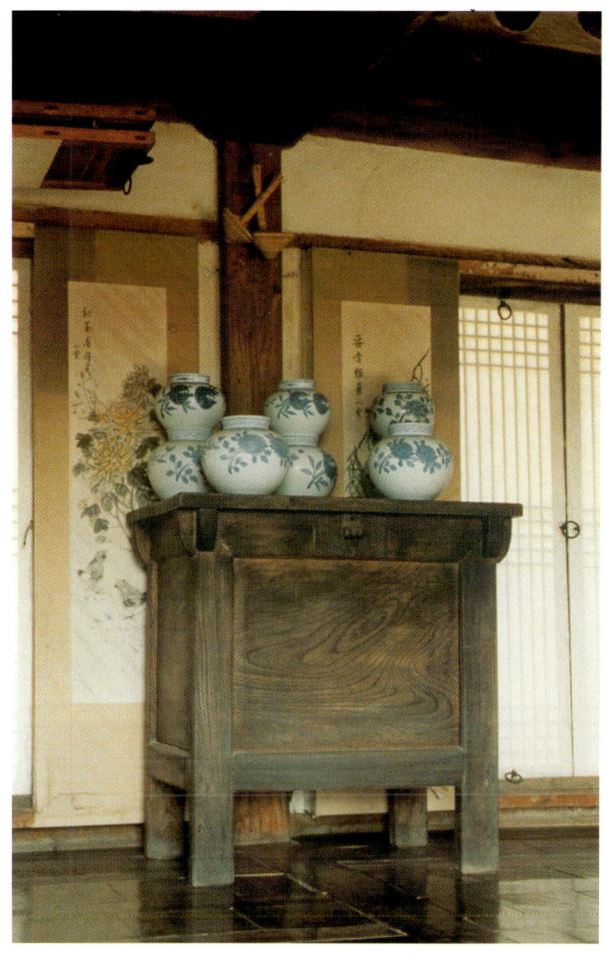

뒤주와 항아리들 마루 한가운데 뒤쪽에 놓인 뒤주이다. 위에는 여러 가지
양념 단지나 작은 항아리들을 층층이 쌓아 두기도 한다.

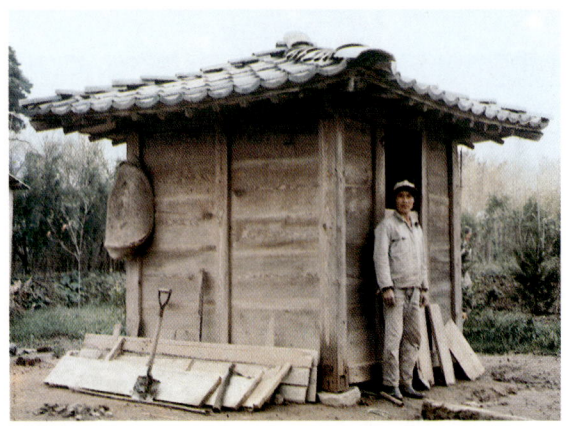

나락 뒤주 김제시 정씨 집의 나락 뒤주로, 우리나라에서 제일 큰 뒤주이다. 쌀 40가마가 들어간다고 한다.

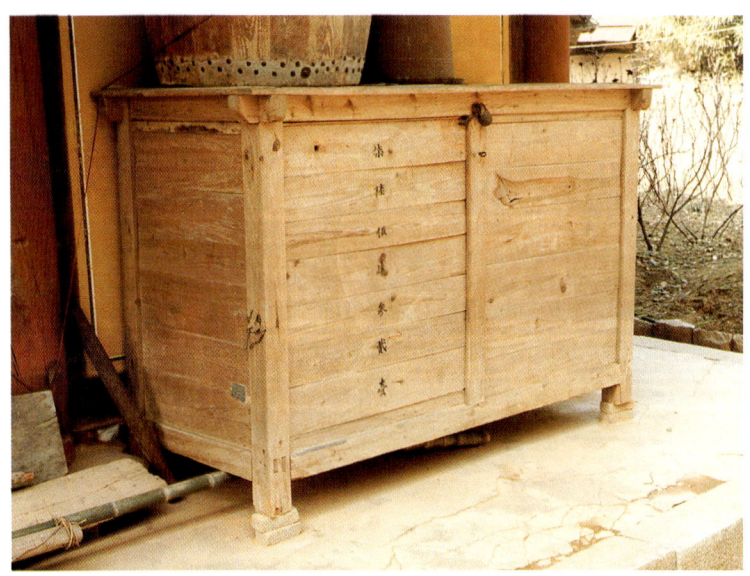

개심사 뒤주 밑에서부터 쪽널을 끼워서 앞면을 채운다. 널쪽에는 갖은자로 번호를 적어 놓았다.

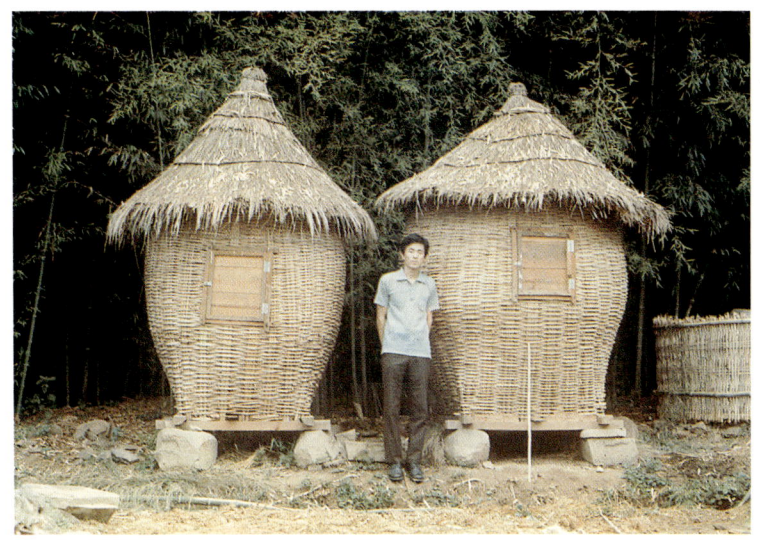

경상남도 진양군의 뒤주 배부른 항아리처럼 대오리로 짠 것으로 아래쪽에 네모꼴 아구리가 달리고 위에는 주저리를 씌워 놓았다. 바닥에는 쥐가 쏠지 못하도록 철망을 덮은 널쪽을 깔았다.(위)
강원도 홍천군의 뒤주 뒤주 뒤로 솟아오른 나무로 깎은 새가 눈길을 끈다.(아래)

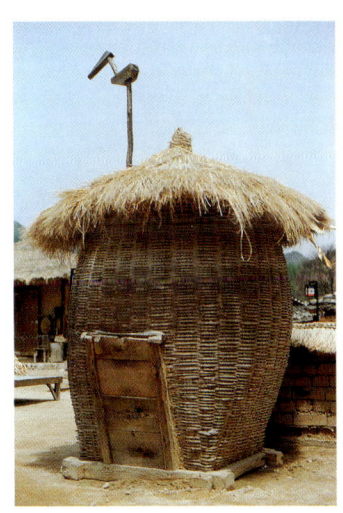

우리네 뒤주 가운데 가장 특징적인 것은 경상남도 진양군 일대에서 볼 수 있다. 배부른 항아리처럼 대오리를 이용하여 짠 것으로 아래쪽에 네모꼴 아구리가 달리고 위에는 주저리를 씌워 놓았다. 바닥에는 쥐가 쏠지 못하도록 철망을 덮은 널쪽을 깔았다.

무엇이나 없어지는 것을 보면 아깝게 여겨지고 그것에 대한 생각이 간절해짐을 '뒤주 밑에 긁히면 밥맛이 더 난다'고 빗댄다.

확돌

보리를 대끼거나 고추를 빻기 위해 우묵하게 파 놓은 돌이다. 주먹만
한 돌을 손에 쥐고 으깨듯 문지른다. 호남 남부 지역에서는 오지로 구운
것을 쓰기도 한다.

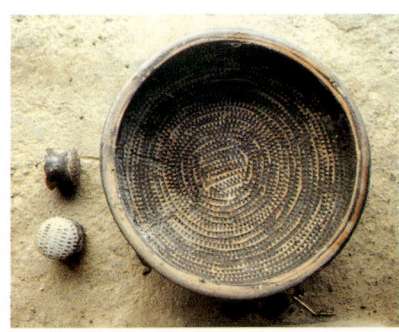

오지 확돌 안쪽을 우툴두툴하게 해서 오지
로 구워낸 그릇으로 허리가 잘록하고 양끝이
우툴두툴한 돌을 이용하여 간다.(왼쪽)

구례 천은사 확돌 확돌에 고추를 찧고 있다.
고추도 필요할 때마다 찧어야 맛이 좋다고 한
다.(아래)

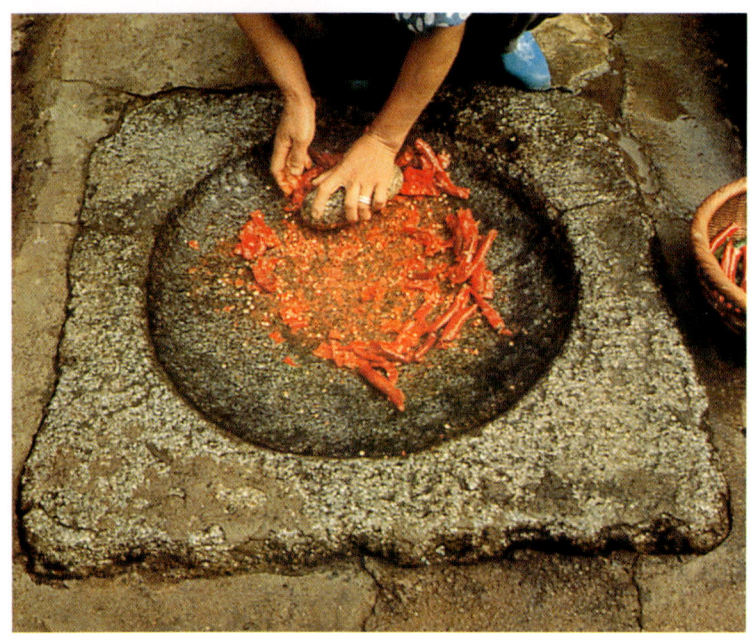

부엌의 구조

　우리네 부엌은 반드시 방에 딸리는 까닭에 그 바닥이 마당보다 무려 60
~90센티미터나 낮았다. 아궁이의 불길이 방고래로 들어가서 방을 덥혀
야 하기 때문이다.

　따라서 불을 때는 아낙네가 부엌 바닥에 쪼그려 앉았던 것은 물론이고
음식을 만들 때에도 허리를 몹시 구부릴 수밖에 없었다. 솥에서 밥을 푸거
나 국을 뜰 때에도 마찬가지였다. 그리고 마당에서 부엌으로 드나들기 위
해서는 반드시 안쪽에 쌓은 턱을 디뎌야 했다.

　또 부엌 문턱이 비교적 높은 까닭에 밥상 따위를 나를 때에 앞을 잘 볼
수 없어 턱에 걸려 넘어지는 일도 드물지 않았다. 상 위의 그릇들은 마당으
로 나뒹굴며 박살이 나는 바람에, 주부는 제 몸을 추스르기보다 민망함으
로 차라리 죽고 싶은 심정이 되었다.

　부엌에서 방까지의 동선이 긴 것도 불합리한 점이었다. 밥상을 든 사람
은 부엌 바닥 턱을 딛고 문턱을 넘어서 마당으로 나갔다가 댓돌 위로 올라
서서 마루에 오른 다음, 방문 앞으로 다가가 상을 내려놓고 문을 연 뒤에
다시 상을 들고 안으로 들어갔던 것이다. 이것은 이만저만한 고역이 아니
었다.

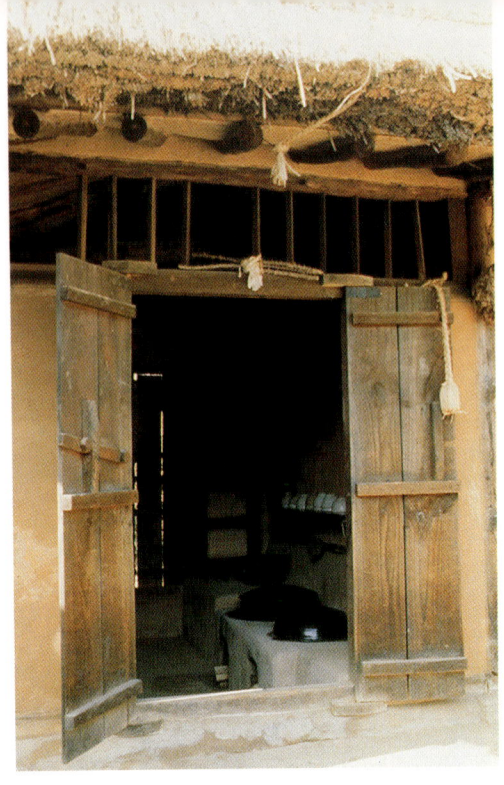

부엌문 상방의 엄나무
흔히 대문에 엄나무 가지를
가로 걸어서 잡귀를 쫓는데
이 집에서는 부엌문에도 이
것을 마련해 놓았다. 부엌
을 살뜰히 여기는 안주인의
정성이 뚜렷하게 드러난다.
오른쪽 문에 늘어뜨린 짚
뭉치는 문을 열어제쳤을 때
그 손잡이가 벽에 닿지 않
게 하려는 것인데, 잘못되
어 바깥쪽에 걸려 있다.

그러나 이것으로 그치지 않았다. 음식을 들던 가족 가운데 한 사람이 국
을 더 달라거나 숭늉이라도 청하면, 주부는 다시 마루와 마당을 거쳐 부엌
에 들어갔다가 되짚어 돌아와야 한다. 더구나 겨울철에는 이 사이에 물이
나 국이 식어 버려서 화로에라도 올려 놓아야 한다. 이때의 편의를 위해 일
부 상류 가옥에서 방과 부엌 사이에 작은 쪽문을 붙이고 작은 그릇들을 주
고받기는 하였지만 큰 효과는 없었다.

한국 전쟁 뒤 유엔의 원조를 받아 지은 부흥 주택이 선 보였을 때, 우리
네 주부들이 첫손에 꼽은 장점은 바로 부엌과 방이 같은 평면을 이룬 점이
었다. 그리고 이 집이 본디 이름이 아닌 '문화 주택'으로 불리고 이 집들이
들어찬 동네를 문화촌이니 문화동이니 하였던 것도 바로 이 때문이었다.
그때 사람들 생각에 부엌이 방과 같은 평면에 있는 서양 집은 앞선 집이고
발전한 집이며 또 '문화 주택'이었던 것이다.

이러한 부러움에는 물론 방과 부엌 사이의 동선이 짧아진 점도 들어 있었다.

굴뚝 시설이 시원치 않아서 아궁이의 연기가 잘 빠지지 않았던 점도 아낙네들을 크게 괴롭혔다. 연기 때문에 노상 행주치마를 뒤집어서 눈물을 닦아야 했고 급한 경우에는 팔꿈치로도 훔쳐내었다. 따라서 그 고운 얼굴이 부엌에만 들어서면 거의 언제나 눈물 범벅으로 바뀌었다.

또 굴뚝으로 미처 빠져 나가지 못한 연기는 부엌 보꾹을 그을음투성이로 만들었을 뿐만 아니라, 부엌에 문조차 달기 어려운 불편을 낳았다. 문은 고사하고 벽과 서까래 사이도 터놓았고 벽 가운데까지 살창을 박아야 하였다.

이 때문에 우리 여성들은 유난히 길고 몹시 추운 겨우내 한데나 다름없는 부엌에서 온종일을 꽁꽁 얼어붙은 채 일하는 수밖에 없었다.

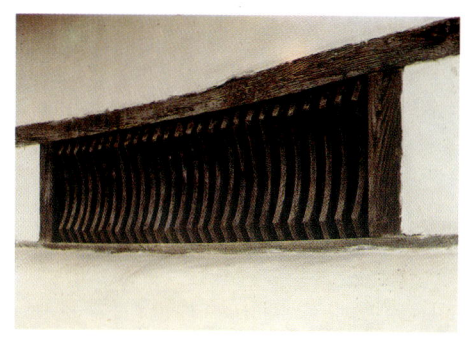

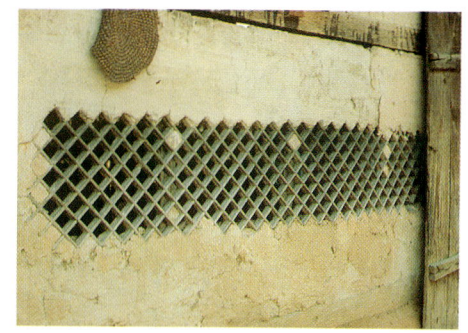

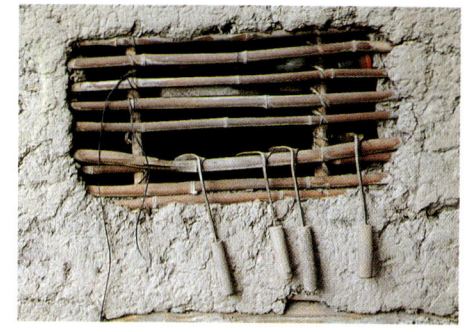

부엌 살창 굴뚝으로 미처 빠져 나가지 못한 연기 때문에 벽과 서까래 사이를 터놓거나 벽에 살창을 박아 놓았다. 맨 위부터 순서대로 전라북도 정읍, 충청남도 아산, 전라남도 장성의 살창이다.

상류 가옥에는 부뚜막 반대쪽에 찬방이 있었다. 이곳에는 자주 쓰지 않는 시루나 함지 따위의 부엌 세간 외에, 여러 가지 반찬류를 갈무리하고 찬탁이나 찬장도 두어서 식기류를 넣어 두었다. 그리고 큰일을 치를 때에는 상도 차렸다.

찬방에서 음식을 다루는 이가 찬모이다. 찬방 책임자인 그네는 차린 밥상을 마루나 방까지만 들어다 놓으며, 방안으로 옮겨 가는 일은 며느리나 딸이 맡는 것이 관례였다. '남녀유별'이라는 유교의 덕목을 지키기 위해서이다.

찬모는 '반빗아치' 또는 '찬비'라고도 불렸다. 앞 이름은 '반빗간 사람'의 낮춤말이고 뒤의 것은 흔히 종의 딸이 찬모가 된 데에서 왔다. 이 밖에 벼슬을 못한 샌님의 아내가 찬모로 뽑히기도 하였다.

경상도의 상류 가옥 가운데에는 찬방을 안방 위쪽에 마련한 집도 있다. 이 방에는 주로 마른 반찬 따위를 두며 그 집의 주부가 사랑채로 내가는 주안상 따위를 직접 차려내었다. 찬방과 안방 사이는 장지문으로 막는다.

가난한 서민은 부엌을 따로 두지 못하고 단칸방 옆에 이어 붙이는 것이 고작이었다. 처마 밑에 함석 조각을 지르고 아래에는 니은 자꼴로 낮은 돌담을 두를 뿐이다. 따라서 부엌이라고는 불려도 실상은 방으로 드나드는 통로 구실이 위주인 셈이다. 그리고 부엌 세간이라야, 한쪽 귀퉁이에 마련된 손바닥만한 부뚜막에 걸린 양은 솥 한 개가 거의 전부이다.

이보다 조금 나은 집에서는 부엌 안쪽에 반 칸도 못 되는 방을 들이기도 한다. 이것이 정지방이다. 아들이 혼인을 했어도 따로 날 형편이 못 되면 이렇게라도 해서 '각방 살림'을 시작할 수밖에 없었던 것이다. 그러나 이 방은 말이 방이지, 두 사람이 누우면 옴짝달싹도 하기 어려운 숨막히는 우리에 지나지 않았다.

서민 가옥의 부엌은 대체로 두 칸 크기로 이루어진다. 부뚜막 반대쪽 벽에 살강을 걸고 그 아래 한쪽에 땔감을 쌓아 두며 다른 한쪽에는 개수통을

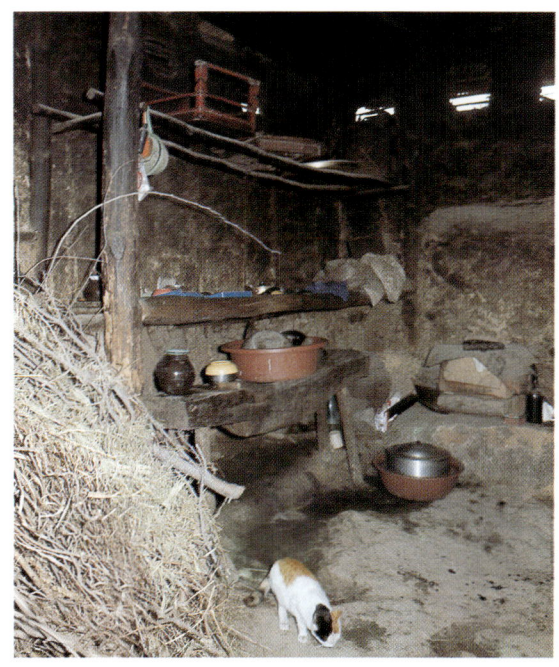

지리산 기슭의 농가 부엌   헤아릴 것도 없는 부엌 세간이며 2층으로 매어 놓은 살강조차 비어 있다. 이 집 개수통과 도마는 한몸이다. 굵은 통나무를 구유꼴로 파서 '물구시'로 쓰고 좌우 양쪽을 도마로 이용한다.

마련하는 것이 예사이다.

이에 비해 경기도의 도서 지방이나 일부 내륙에서는 부엌 벽을 마당 쪽으로 처마 너비만큼 달아내고 이곳에 나무를 둔다. 이 공간과 부엌 사이에는 벽이 있어서 훌륭한 나무광이 된다.

한편 이보다 더 여유가 있어서 부엌 벽의 좌우 양쪽을 트는 집에서는 한 칸은 나무광으로 쓰고 나머지 공간에는 널을 깔고 찬광으로 이용한다. 이 찬광에는 흔히 쪽퇴가 달리고 두 짝의 여닫이도 붙는다.

상류 가옥은 물론이고 중류 가옥에서도 안마당과 뒤란으로 드나들기 위해 부엌의 양쪽을 터놓는 집이 적지 않다.

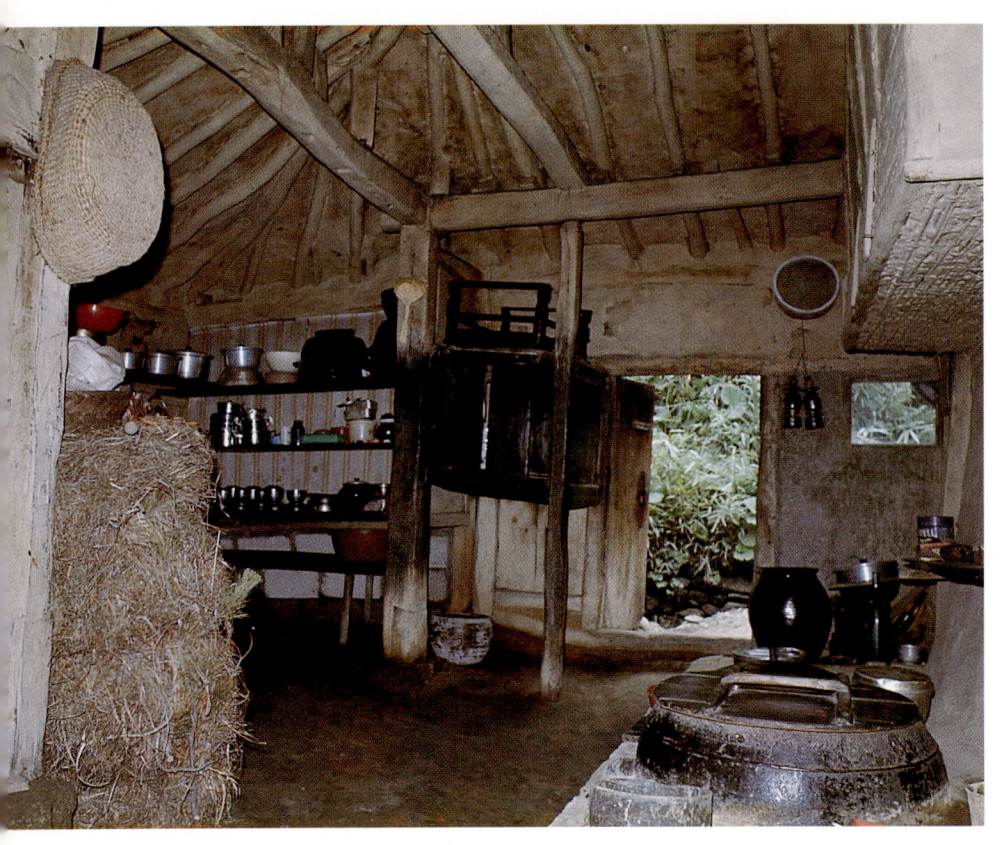

전라남도 안좌도 상류 가옥의 부엌 벽에 3층으로 살강을 달고 그 오른쪽 기둥과 기둥 사이에 널벽을 치고 찬장을 달았다. 부뚜막 오른쪽에 쇠죽을 끓이는 가마솥이 보인다. 벽은 물론 천장에까지 새벽질을 해서 밝고 깨끗한 분위기가 감돈다.

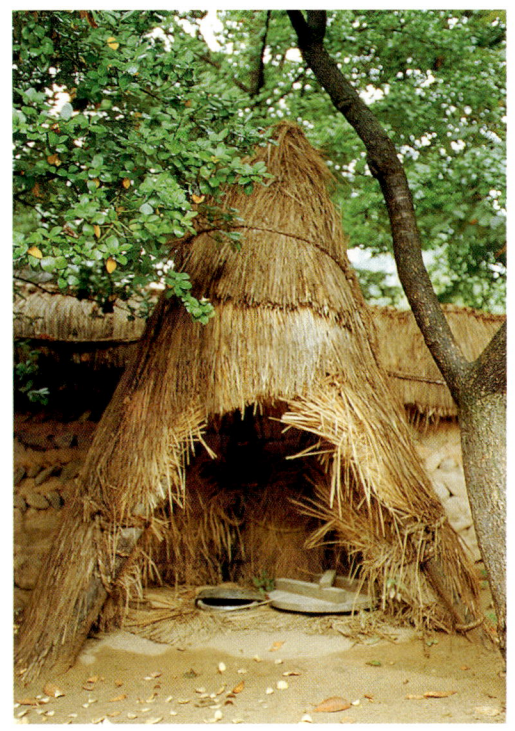

김치광 김치독을 묻고 그 위에 원뿔꼴 지붕을 세웠다.(왼쪽)

움 3세기의 중국 사서『삼국지 위서 동이전』'한전'에는 '한나라 사람들은 무덤꼴 집에서 사는데 문은 위에 달렸다'고 하였다. 이것이 바로 움집이다. 오늘날 강원도 산간 지대에서는 감자, 고구마, 무 따위를 갈무리하는 공간으로 쓰인다.(아래)

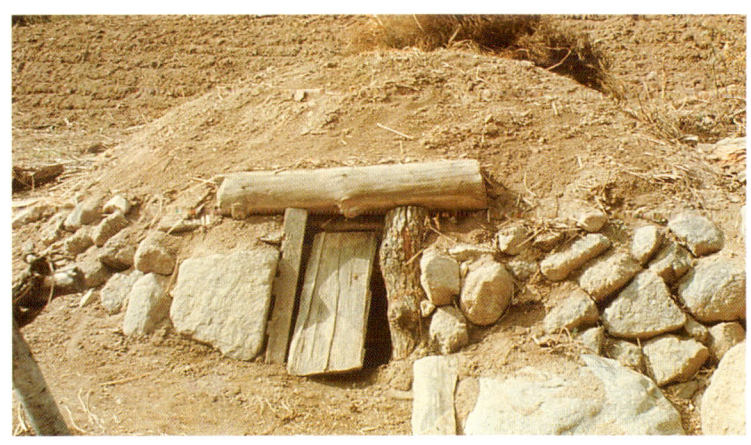

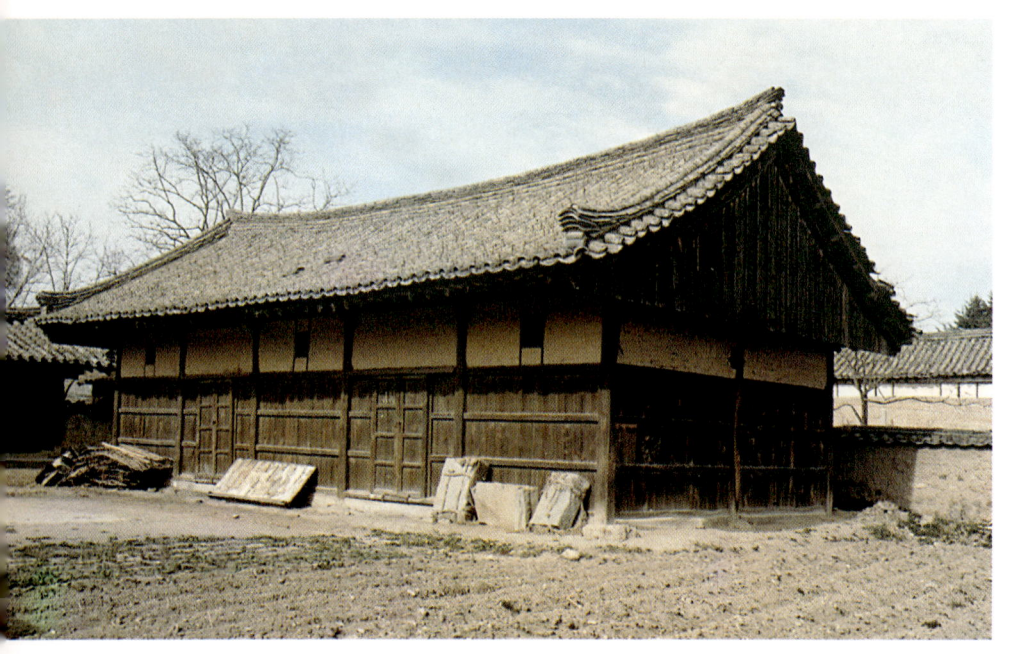

경주 최부잣집 곳간 정면 5칸, 측면 2칸에 이르는 우리나라에서 가장 큰 곳간이다. 최씨네
는 9대를 이어 만석을 거두면서도 벼슬은 진사 이상을 하지 않았다. 재산 보존을 위해서이다.
아침에 떠나는 나그네에게 비웃 한 손과 하루치 양식 그리고 몇 푼의 노자를 반드시 주어 보낸
것으로 전국에 널리 알려진 집이다. '경주 교동 법주'는 본디 최씨 집에서 대를 물려가며 빚어
온 향기 높은 술로 시판되는 '경주 법주'와는 다른 것이다.

　뒤란 쪽에는 장독대를 비롯하여 안뒷간과 디딜방앗간 따위가 있기 때
문이다. 또 문을 다는 경우에도 뒤란 쪽에만 붙이는 집이 대부분이다.

샘과 우물

　샘은 땅에서 물이 솟아나는 자리를 이르는 말로 곳에 따라 새암, 시암,
샘터라고도 한다. 중부 이북 지역에서는 집안에 있거나 물이 깊어서 두레
박으로 뜨는 것을 우물, 공동용으로 사람이 앉아서 바가지 따위로 뜨는 것

을 샘이라고 따로 부르지만, 남부 지방에서는 이를 가리지 않고 대체로 샘이라 이른다.

샘은 물을 뜨는 방법에 따라 쪽샘, 두레샘, 작두샘으로 나눈다. 쪽샘은 표주박이나 쪽박 또는 바가지로 퍼내는 얕은 샘으로 흔히 '박우물'로 불린다. 두레샘은 두레박이 달린 두렛대를 설치한 샘이다. 두렛대 한쪽에 적당한 크기의 돌을 달고 사람이 줄을 잡아당겨서 두레박을 물 속에 넣고 손을 놓으면, 돌의 무게 때문에 두레박이 자연히 올라오는 샘으로 '용두레 우물'은 이의 다른 이름이다. 그리고 작두샘은 펌프를 써서 물을 자아올리는 샘으로, 펌프 자루를 위아래로 움직이는 동작이 작두를 쓸 때와 비슷한 데서 나온 이름이다.

샘물이 끊임없이 솟아나오는 데에서 우리는 이를 왕성한 생명력으로 받아들였다.

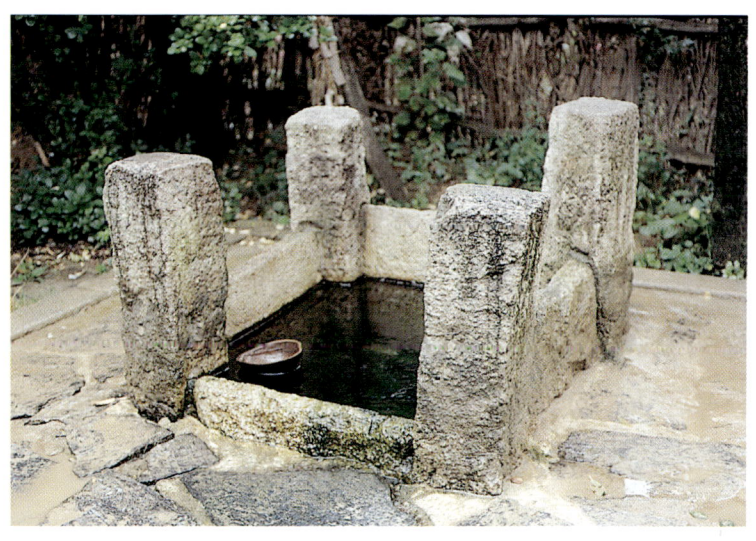

쪽샘 쪽샘은 표주박이나 쪽박 또는 바가지로 퍼내는 얕은 샘으로 흔히 '박우물'로 불린다.

조선 건국의 사적을 적은 노래인 「용비어천가」 제2장에 샘의 근원과 뿌리가 깊으면 나라가 튼튼하다는 뜻으로 '샘이 깊은 물은 가뭄에도 그치지 않고 내를 이루어 바다로 가나니' 한 것이 그 대표적인 보기이다. 또 '샘터'라는 말도 샘물처럼 끊이지 않고 자꾸 생겨나는 근원을 견준 것으로 '힘이 샘솟듯 한다'고도 이른다. 몸에서 특수한 액체를 분비하거나 그것을 몸 밖으로 내보내는 기관을 침샘이니 땀샘이니 하는 것도 같은 이치이다.

우리는 샘을 신성하게 여긴 나머지 용이 그 안에 들어와 알을 낳는다고 믿었다. 정월의 첫 용날〔辰日〕 새벽에 벌이는 '용 알 뜨기' 민속이 그것이다. 용 알이 든 샘물을 맨 먼저 길어서 밥을 지으면 그 해의 농사가 잘 된다

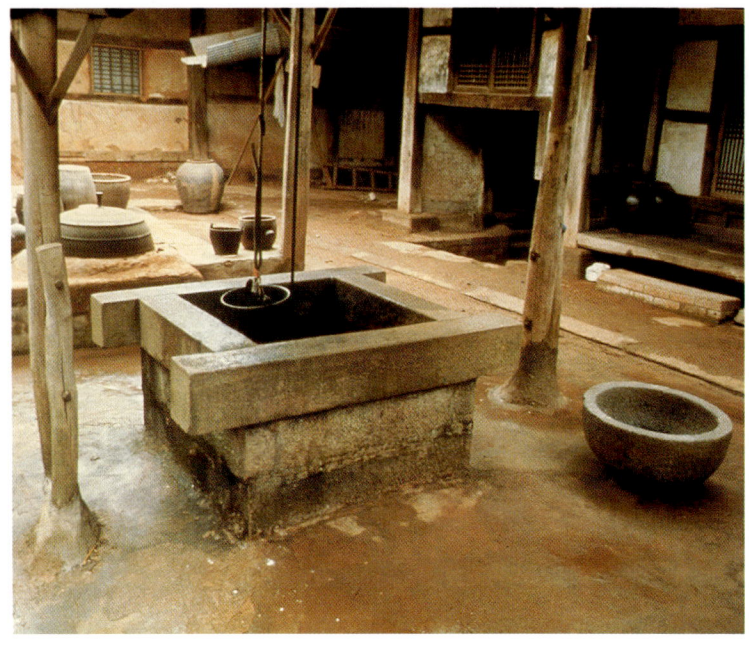

군산의 김씨 집 우물 우물을 팔 때 벽체는 지면 가까이까지만 쌓고 그 위에는 통나무를 우물 정 자꼴로 짠 방틀을 놓는다. 격식을 찾는 상류 가옥에서는 네모 반듯하게 깎은 돌을 쌓아서 이에 대신한다. 지붕 보꾹에는 도르래를 달았다.(위)
우물가 여성들만의 공간인 우물가에서 아낙들은 물을 긷는 외에 남새를 다듬거나 간단한 빨래까지도 하였으므로 이곳에 머무는 시간이 비교적 길었다.(옆면)

고 하여 아낙들은 이날 새벽에 샘으로 달려간다. 용은 비를 나타내는 동물이므로, 이를 제 것으로 삼으면 풍년을 거둔다는 것이다.

샘물은 집안의 변고를 알려 주는 성수(聖水)이기도 하였다. 백제 군을 무찌르고 돌아온 김유신은 그들이 다시 쳐들어왔다는 말을 듣고 싸움터를 향해 말머리를 돌렸다. 이때 그는 부하에게 자기 집 샘물을 떠 오라고 이르고 그 맛을 본 다음 '맛이 옛날 그대로이니 싸움에 이길 것'이라 하였다는 것이다.

이러한 속신은 오늘날에도 남아서, 마을이나 개인에게 나쁜 일이 있을 때 노인들은 대동샘(마을샘)이나 그 집의 샘이 뒤집혔다고 이른다.

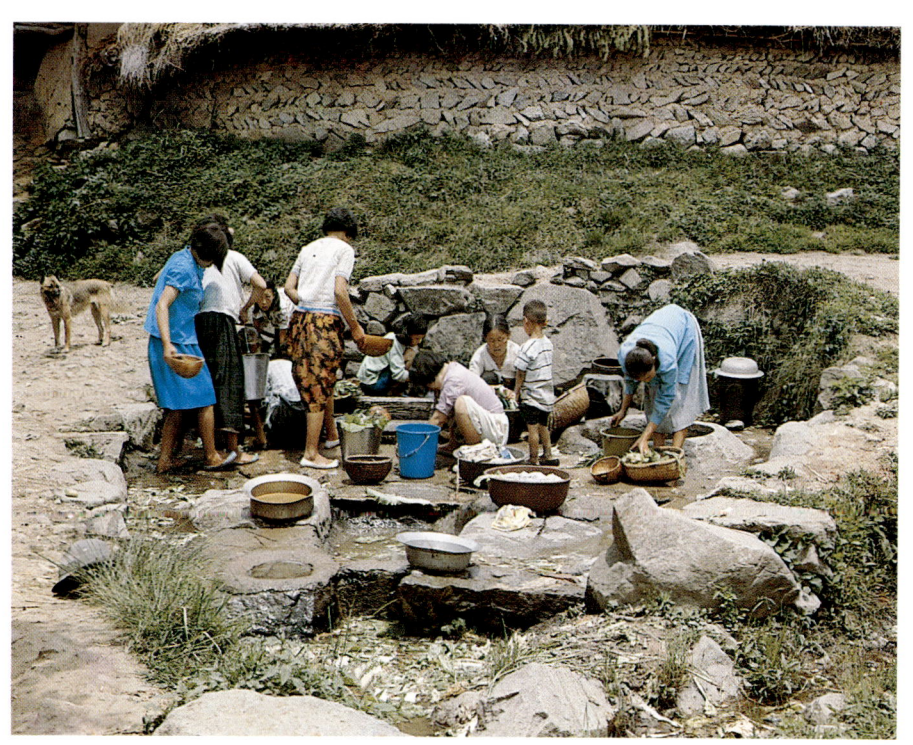

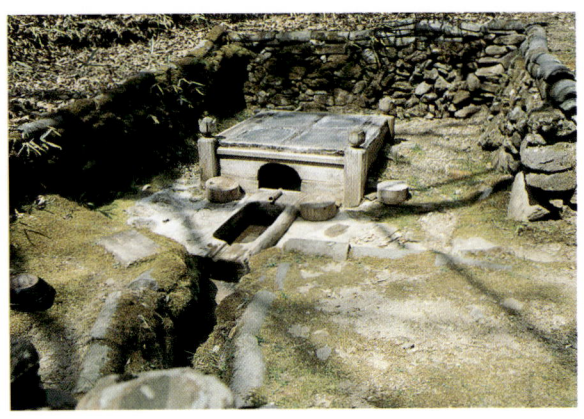

송광사 불일암 우물 우물에 뚜껑을 덮고 네 기둥 위에 연꽃을 새겨서
꾸몄다. 그리고 앞에 구유를 박아서 넘치는 물이 이곳에 한 번 고였다가
흐르도록 하였다. 주위에 쌓아 올린 돌담하며 우물이라기보다는 신성한
기도처 같은 느낌이다.

샘은 신통력을 지닌 까닭에 재앙도 물리쳐 준다고 믿는다. 전라북도 일
대에서는 기름종지에 목화 심지를 박고 불을 켠 다음, '일 년 열두 달, 탈없
도록 도와 줍소서' 축원한다. 또 곳에 따라서는 샘물이 깨끗하고 끊임없
이 솟아나오기를 바라는 뜻에서 샘굿을 올린다. 이 굿은 흔히 마을의 수호
신을 위한 제사를 마친 뒤 샘에 내려와 벌인다.

우물은 땅을 파고 그 속에 물이 고이도록 만든 것으로, 맨땅을 깊거나 얕
게 판 것은 토정(土井), 바위 틈으로 솟는 것은 석정(石井)이다. 토정은 주
위에 돌을 쌓아 올려서 벽을 치고 땅 위에 정 자 꼴의 통나무 틀을 세운 것
으로 이것이 '우물방틀'이다.

우리는 우물에 신비한 생명력이 깃들어 있다고 여긴다. 신라 시조 혁거
세는 나정(蘿井)이라는 우물가에서 태어났으며, 그의 아내도 알영정(閼英
井) 가에 나타난 계룡(鷄龍)의 옆구리에서 출생하였다.

강원도 명주동 학산리의 한 처녀는 굴산사(堀山寺) 앞, 돌우물에 비친

아침 해를 떠먹고 아들을 낳았으며 그가 범일(梵一) 국사로서 뒤에 대관령의 국사 서낭신이 되었다는 설화도 마찬가지이다. 또 무속에서 바리 공주는 서천 서역국에서 길어 온 약수로 죽었던 부모를 살려낸다.

또 우물은 용궁의 출입구이기도 하였다. 본디 용녀(龍女)였던 고려 태조의 할머니는 개성에 있는 대정(大井)을 통해 용궁으로 드나들었다고 한다. 이것은 우물이 바다와 통한다는 생각에서 나온 것이다.

우물에는 신통력이 있어서 도리에 어긋나는 일을 저지른 사람에게는 벌을 내린다. 신라 제4대 임금인 탈해가 어린 시절에 산에 올랐다가 목이 마르자 하인에게 물을 떠오라 일렀는데, 자신도 목이 타던 하인이 도중에 표주박을 입에 대자 붙어 버렸고 다시는 먼저 마시지 않으리라고 맹세한 뒤에야 떨어졌다는 것이다.

새벽에 우물에서 뜬 물은 정화수라고 하여 하늘에 소원을 빌거나 약을 다리면 특별한 효험이 있다고 믿었다. 또 '정화수 한 그릇' 은 산해진미를 가득 차린 상에 못지않다고 여겨서, 가난한 사람들은 깨끗한 물 한 그릇을 떠놓고 혼인식도 올렸다.

경상북도 월성군 일대에서는 이월 초하룻날 정화수 한 그릇을 떠놓고 농사의 풍년을 빌었으며 이 물을 특별히 '농사물' 이라 하여, 그 해 비가 알맞게 내린다고 믿었다.

정화수는 잡귀를 물리치는 영험도 지녔다. 무당들은 굿을 처음 시작하는 부정거리를 벌일 때 재를 섞은 정화수를 굿터 주위에 뿌려서 깨끗이 한다. 일반 가정에서는 우물물을 복으로 여겼다. 다른 집에서 해가 진 뒤에 물을 뜨러 오면 복이 나간다고 하여 몹시 꺼렸다. 이와 같은 관습은 오늘날에도 남아 있어서, 해뜨기 전이나 해가 진 뒤에는 남의 집 우물에 발길을 하지 않는 것이 원칙이다.

마을 정자나무 주위가 남성 전용 공간이었던 것처럼 우물가는 여성만의 자리였다. 아낙들은 우물에서 물을 긷는 외에 남새를 다듬거나 간단한 빨래까지도 하였으므로 이곳에 머무는 시간이 비교적 길었다.

여인들은 우물가에 모여 앉아 마을의 소문이나 세상의 풍문을 주고받았고 심지어는 어떤 집의 부부 싸움까지도 속살거렸다. 이러한 우물공사(우물공론) 때문에 작은 다툼도 일어났지만, 우물은 서민층 여성들의 작업장이자 휴식처인 동시에 사교장이었고, 세상 물정에 눈을 뜨는 교육장이었다.

그리고 우물은 젊은 남녀의 비밀스러운 데이트 장이기도 하였다. 해진 뒤에는 처녀가 문 밖에 나서지 못하던 시절에도 물동이를 인 채로는 우물로 빠져 나올 수 있었다. 미리 기다리고 있던 총각과 어둠으로 둘러싸인 우물가에서 짧은 사랑의 말 몇 마디를 나누는 것이 고작이었지만, 바로 그 때문에 이 만남은 더할 수 없이 짜릿하였다.

한편 우물에서 반드시 행복한 일이 벌어지는 것은 아니었다. 이따금 한 품은 사람이 뛰어들어 목숨을 버렸기 때문이다. 사람들은 이렇게 죽은 사람의 혼을 두려워한 나머지 '우물귀신'이라고 따로 불렀다. 어려운 처지에서 자기는 빠져 나오고 남을 대신 밀어 넣는 이를 '우물귀신 잡듯 한다'는 속담은 이에서 비롯되었다.

또 우물가에서 놀던 어린이가 우물에 빠지는 불상사가 일어나는 일도 드물지 않았다. 이에 불안하여 마음이 놓이지 않는 상태를 '우물가에 애 보낸 것 같다'고 이른다. 이 때문에 충청남도 서산시 일대에서는 유월 유두에 밥 세 숟가락을 우물에 떠 넣으며 '물 좋고 아이들 빠지지 않게 도와 줍소서' 하고 빌었다.

우물은 대체로 마을 중심지에 있지만 마을이 크면 여러 개의 우물을 파고, 길이나 개울 또는 지형 등에 따라 몇 집씩 나누어 특정한 우물을 쓴다. 그리고 샘의 청소나 시설물 따위의 관리는 이들 집에서 공동으로 맡는다. 이 일을 위한 것이 우물계이다. 이의 책임은 한 해마다 집집에서 돌아가며 맡으며 계원들은 봄이나 장마철 추수 뒤 등에 모인다.

큰우물 또는 동네우물 따위의 주민 전체가 쓰는 우물이 따로 있는 경우에는 온 마을 사람이 계원이 되는 별도의 우물계를 만든다. 필요한 경비는 여기서 공동부담하지만 정월 보름날 지신밟기 때 모아 둔 것으로 쓰기도 한다.

우리 아낙네들은 물을 아껴 쓰는 일에도 열심이었다. 예컨대 호남과 영남의 산간 지대에서는 우물물을 뜰 때 세 번째 길어올린 물은 반드시 두레박을 기울여서 일부러 우물에 다시 쏟도록 하였고, 샘터에서도 마찬가지로 세 번째 쪽박 물은 일부를 다시 부었으며 이를 '질금질금질'이라 일렀다. 이렇게 해야 아들을 잘 낳고 복되게 산다고 하여 누구나 지키게 마련이었다.

또 법도 있는 집에서는 며느리를 맞아 오기 전에 내탐꾼을 보내서 며느리감이 물을 아껴 쓰는지를 확인하였다. 물을 헤프게 다루면 복이 나간다고 믿었기 때문이다. 우리 집에도 우물이 있었지만 나는 어릴 때부터 물을 아끼라는 할머니 말씀을 듣고 자랐다. 물을 낭비하는 사람은 저승에 갔을 때 자기가 버린 물을 다 마셔야 하는 벌을 받는다고 하셨다.

도회지의 가정 우물은 1970년대에 들어와 냉장고가 보급되기 전까지 준 냉장고의 구실을 하였다. 수박이나 참외, 토마토 따위의 과일을 우물에 넣어서 차게 만들었고, 밥이나 김치가 담긴 광주리를 우물 벽에 걸어서 쉬지 않도록 하였던 것이다.

장독대

간장, 된장, 고추장 따위를 담은 항아리나 독을 놓아 두는 데를 중부 지방에서는 '장독대'라 부르지만 북한에서는 '장독걸이', 경상도를 비롯한 남부 지역에서는 '장독간' 그리고 제주도에서는 '장항굽'이라 이른다.

장독대나 장항굽은 이곳이 평지보다 조금 높은 데서 온 이름이다. 한편 전라도 일대에서는 장광이라고 하여 장독대 주위에 담을 두르고 문까지 따로 달아 특별한 관심을 쏟는다. 이른바 '전라도의 맛'은 장독에 대한 이와 같은 정성에서 우러나는 것일 터이다.

　장독대는 부엌 가까운 곳에 두는 것이 원칙이다. 겨울철이 되면 눈이 사람의 키만큼 쌓여서 장독들을 아예 부엌 안에 들여놓는 울릉도는 예외라

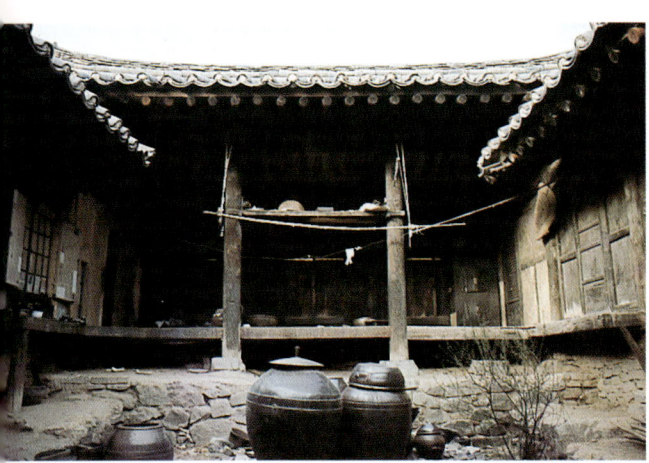

장독대에서 본 안채 대청
기둥 사이에 널쪽을 걸어 간단한 세간이나 음식을 놓기도 한다.

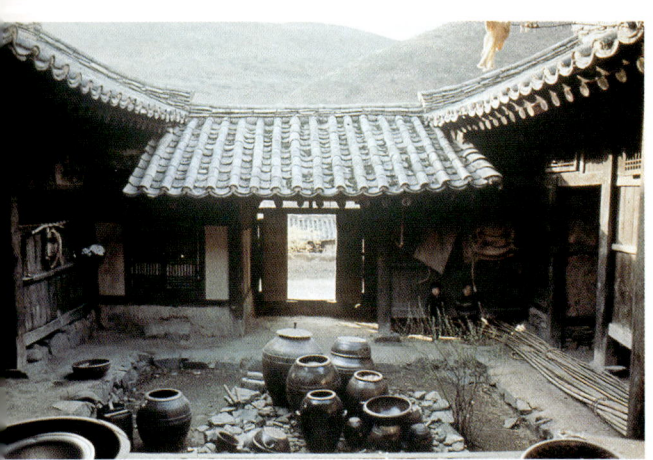

대청에서 내려다본 장독대 장독대는 부엌 가까운 곳에 두는 것이 원칙이지만 안마당이 비교적 너른 경상도 상류 가옥에서는 안마당 복판을 장독대로 쓰는 일이 많았다. 앞의 문은 안채로 드나드는 중문이다.

고 하더라도 뒤란이나 우물 곁이 으뜸이고 옹색한 집에서는 처마 밑에 두기도 한다. 그리고 안마당이 비교적 너른 경상도의 상류 가옥에서는 안마당 복판을 장독대로 쓰는 일이 많았다.

장독들은 키가 높고 몸이 크거나 부른 것은 뒤에 놓고 키가 낮고 작은 것일수록 앞쪽으로 나란히 놓는다. 이렇게 해야 닦거나 씻기 편하며 장을 떠내기도 쉽고 햇볕도 바르게 쪼이는 것이다. 또 장독대는 집의 서까래 방향과 나란히 긴 네모꼴로 만든다.

개인 집의 장독대로는 전라북도 김제시 월촌면 장화리 정종수 씨 집의 것이 가장 클 것이다. 12×6미터 넓이에 90여 개의 크고 작은 독들이 놓여 있다. 큰 절간의 장독대가 엄청나게 큰 사실은 우리가 잘 알고 있다. 서울 도선사의 장독 수는 200여 개가 넘는다. 또 민간에는 집에서 쓰던 큰 독을 절간으로 보내는 풍습이 있다.

'한 고을의 정사는 술 맛으로 알고 한 집안의 흥망성쇠는 장 맛으로 짐작한다' 는 속담이 있을 만큼, 우리네 아낙들은 장 맛을 살리려고 온갖 정성을 쏟았다. 왼손으로 꼬은 새끼줄에 고추와 숯을 꽂아서 장독에 둘러 놓는 것은 물론이고 솔가지를 꺾어다가 조상님께 바치고 수없이 절을 올리면서 '제발 장 맛이 나도록 도와 줍소서' 읊조리기도 하였다.

충청남도 논산시 노성면 교촌리의 윤증(尹拯, 1629~1714년) 고택(중요민속자료 제190호)에서는 장독에 '꿀독' 이라고 쓴 종이를 붙여 놓았다. 장 맛이 꿀처럼 달기를 바라서이다. 또 다른 곳에서는 장독에 버선본을 거꾸로 붙이며 '꿀독' 이라고 외쳤다. 이렇게 하면 장 맛이 난다는 것이다.

그런데 하필이면 왜 버선본인가? 많은 사람들은 여러 가지 주술적인 이유를 대지만 그것이 아니다. 지네나 노래기 따위처럼 발이 많이 달린 곤충들은 되쏘는 빛을 싫어하는 습성이 있다. 따라서 버선본은 되쏘는 빛을 내기 위한 것으로 이를 거꾸로 붙이는 것도 발 쪽이 더 너르기 때문이다. 정성이 지극한 아낙네는 여러 개의 버선본을 줄에 이어 걸어 놓기도 하였다.

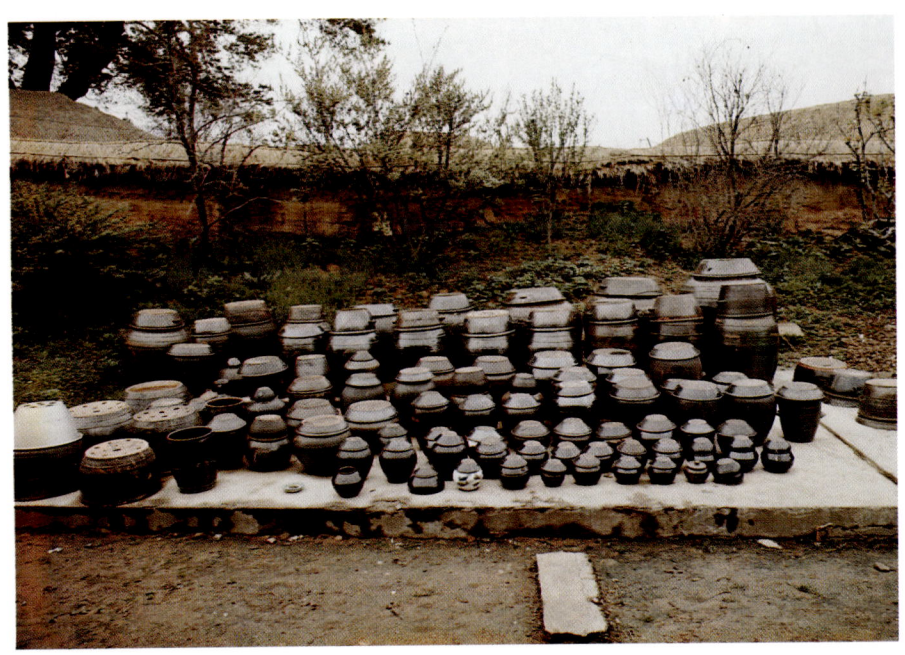

김제시 정씨 집 장독대 개인 집의 장독대로는 가장 클 것이다. 12×6미터 넓이에 90여 개의 크고 작은 항아리와 독들이 놓여 있다.(위)

장독의 버선본 되쏘는 빛을 내는 버선본을 장독에 거꾸로 붙여 벌레들이 몰려드는 것을 방지했는데 정성이 지극한 아낙네는 여러 개의 버선본을 줄에 이어 걸어 놓기도 하였다.(옆면 위)

경기도 신륵사 장독 높이 103 · 배 둘레 342 · 입 지름 45.5 · 밑 지름 44.5센티미터에 이르는 큰 독이다. 옹기장이 스스로도 대견스러웠던지 '큰 독(大器)'이라 그려 놓았다. 옆에는 거북 구(龜) 자가 있다. 과연 옹기장이 글씨인가 싶을 만큼 거침이 없으면서 운치 또한 높다.(옆면 아래)

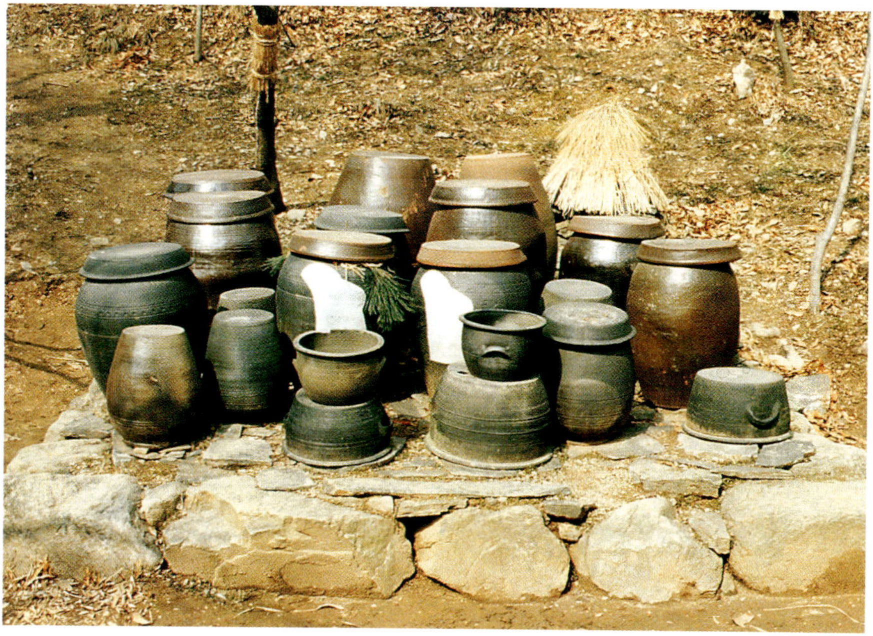

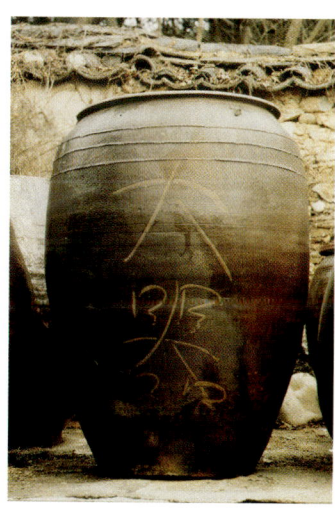

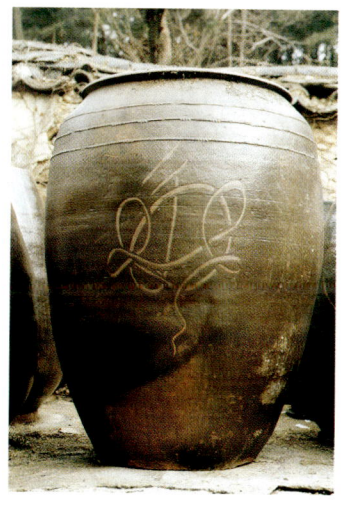

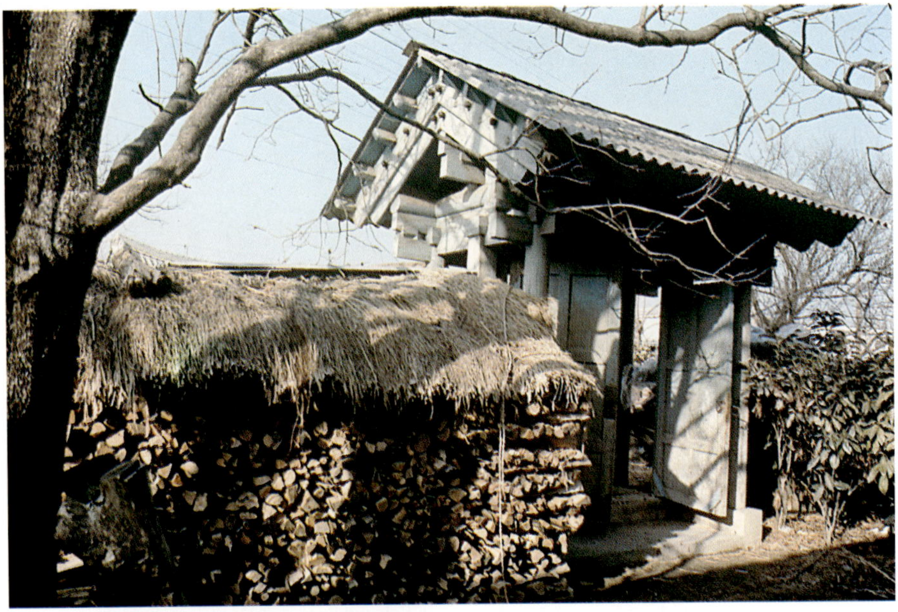

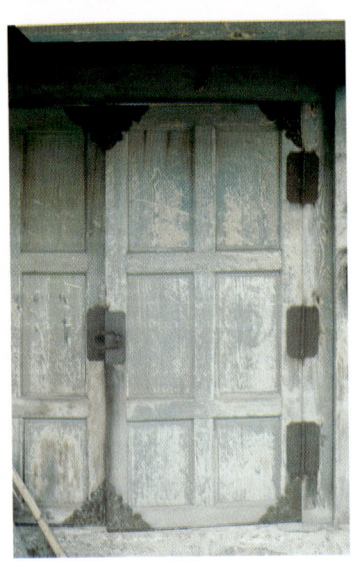

전라남도 담양 김씨 집 장광문 전라도를 '맛의 고장'이라 일컫거니와, 장독대 주위에 담을 두르는 것은 물론이고, 어엿한 문까지 세우고 이곳을 '장광'이라 부른다. '맛의 광'이라는 뜻일 터이다(위). 왼쪽은 장광문 앞문의 틀이다. 평범한 널문이 아닌 최고급 당판문으로 문 네 귀에도 무늬를 지어 오려낸 무늬쇠를 박아 맵시를 돋우었다.

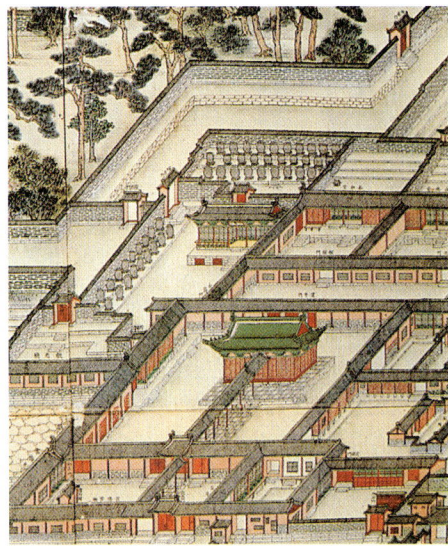

궁궐의 장독대 1830년대에 궁궐 전체를 한눈에 내려다볼 수 있도록 그린 「동궐도」를 보면 창덕궁 후원에 장독들이 가지런히 놓여져 있다.

'버선본을 붙이면 벌레가 꾀지 않는다' 하면 믿을 사람이 거의 없을 터이므로, '버선본을 붙이면 장 맛이 난다' 고 둘러대었던 것이다. 다족류(多足類)의 벌레들이 되쏘는 빛을 싫어하는 사실을 알아낸 지혜도 놀랍지만 이를 한 번 뒤집어서 이어 내린 슬기에는 고개가 절로 숙여진다.

　장독대는 집안의 성역이다. 이곳에 터줏대감을 모셨고 칠성님도 섬겼다. 아낙들은 장독 위에 정화수 한 그릇을 떠놓고 자신의 은밀한 소원을 빌고 가족들의 무사 태평을 축원하였다. 멀리 떠난 자식이 하루바삐 돌아오기를 바랄 때에는 이곳에 빈 물레를 가져다 놓고 돌렸다. 물레가 돌아가듯 자식도 돌아오리라 여긴 것이다.

　또 명주실을 독과 독 사이에 이리저리 얽어 놓는 이도 있었다. 얽힌 실이 거미줄이 되어, 떠도는 이의 발걸음을 잡는다는 뜻이다.

지역적인 차이

함경도 지역의 전(田) 자꼴 겹집에는 다른 지역의 부엌에 해당하는 정주간이 있다. 방과 바당 사이에 위치하는 이 칸은 집안의 중심 공간이다. 식구들은 이곳에 앉아 이야기를 나누고 식사를 하며 밤이 되면 잠도 잔다. 또 손님도 이곳에서 맞고 제사는 물론이고 혼인식도 치른다. 따라서 정주간은 중부 지방의 마루와 같은 구실을 한다.

정주간 한쪽을 바당 쪽으로 내어 붙여서 마련한 턱이 부뚜막으로, 이곳에 여러 개의 솥을 걸어 둔다. 따라서 함경도의 겹집에서는 바당이 부엌 구실을 하는 셈이다. 그리고 부뚜막 한쪽에는 등디가 있다. 따라서 정주간은 집안에서 제일 따뜻하다. 이곳이 집안의 중심 공간 구실을 하는 것도 겨울이 매우 길고 혹독하게 추운 함경도 지방의 자연 환경에 알맞기 때문이다.

정주간은 바당보다 50센티미터쯤 높으며 바당과의 사이에는 칸막이가 없다. 그리고 바당 한쪽에는 외양간과 디딜방앗간이 딸린다. 외양간이 집안에 있어서 집짐승은 추위로부터 보호를 받으며 방앗간 또한 밖에 눈이 아무리 많이 쌓이더라도 집안에서 방아 일을 할 수 있어 편리하다.

사람과 집짐승이 이처럼 함께 사는 데에서 오는 문제가 전혀 없지는 않지만 겨울을 사람과 집짐승이 함께 견디어 나가는 점을 생각하면 대수롭지 않다. 우리가 소를 '생구(生口)' 라고 불러서 한 가족으로 여겼던 것도 오랫동안 이어온 '동거 생활' 의 결과라고 하겠다.

정주간의 안방과 샛방 쪽 벽에는 서너 층의 살강을 매고 식기, 소반, 함지 따위들을 얹어 둔다. 강원도 집도 함경도의 겹집 양식을 따르지만 디딜방앗간은 집 밖으로 떨어져 나가고 외양간만 그대로 남는다. 특히 겨울철에 쇠죽을 쑤어서 멀리 들고 다니지 않아도 좋은 이점 때문이다. 따라서 부엌의 주부는 거의 언제나 등 뒤로 소의 새김질 소리를 들으며 움직이게 마련이다. 한편 디딜방앗간 자리에는 땔감 따위를 두는 헛간이 들어선다.

이와 같은 '집안 외양간' 은 겹집 분포 지역의 최남단인 경상북도 안동 지역에까지 이어진다. 따라서 이를 겹집이 지닌 큰 특징으로 삼아도 좋을 것이다. 한편, 같은 겹집이라고 하더라도 황해도 가옥에서는 디딜방앗간은 물론이고 외양간조차도 안채에서 떨어져 나간다. 이것은 평면 구성만 겹집 양식을 따랐을 뿐 실제 생활 내용은 평안도를 비롯한 홑집 계통의 영향을 받은 결과이다.

평안도 중류 가옥의 평면은 기역 자꼴이 주류를 이루며 부엌은 안채와 사랑채가 이어지는 모퉁이에 둔다. 이에 따라 두 개의 부뚜막이 설치되어 한꺼번에 아랫방과 사랑방에 불을 넣을 수 있다. 이러한 구조는 평안도 중류 가옥에만 나타나는 특징의 하나이다. 부엌이 다른 지방보다 매우 너른 것도 마찬가지이다. 이에 따라 겨울철에 부엌 안에서 절구질 따위의 집안일도 할 수 있다. 따라서 이 지방의 부엌은 주부가 겨울철을 지내는 데에 큰 도움을 준다.

마루를 갖춘 집이 비교적 적을 뿐 아니라 마루 뒤쪽에 문을 달지 않거나 마루 자체도 방과 방 사이가 아닌 안채 한끝에 배치하는 따위는 모두 추위를 견디기 위한 배려에서 나온 것이다. 상류 가옥 가운데에도 기역 자꼴 안채에 같은 꼴의 사랑채를 마주 세워서 기역니은 자꼴을 이룬 집의 부엌 구조는 앞에서 든 중류 가옥의 그것과 같다.

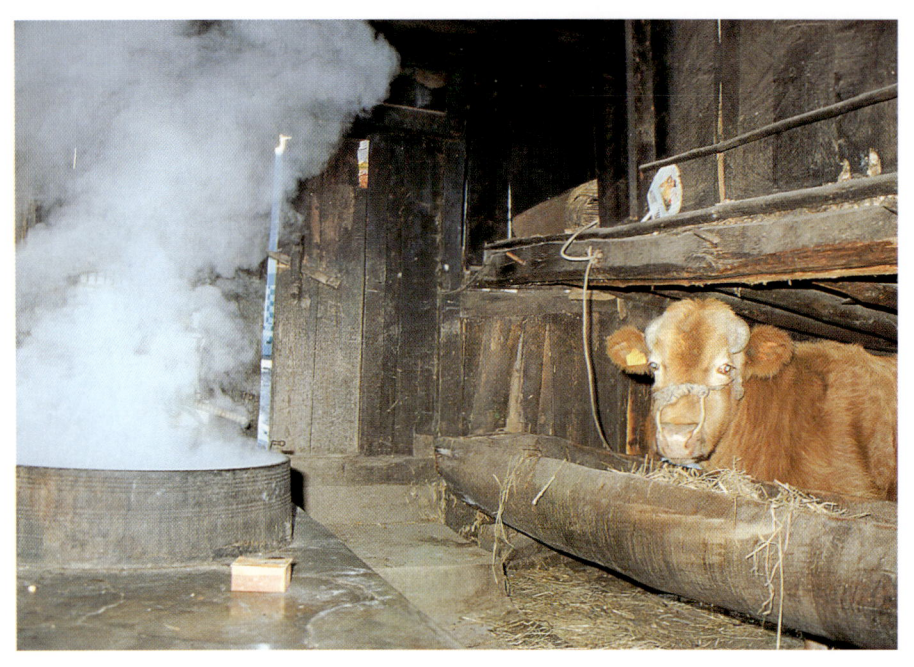

집안 외양간   집짐승이 추위로부터 보호를 받을 수 있도록 외양간을 집안에 두기도 하는데
이때 주부는 언제나 등 뒤로 소의 새김질 소리를 들으며 움직이게 마련이다.

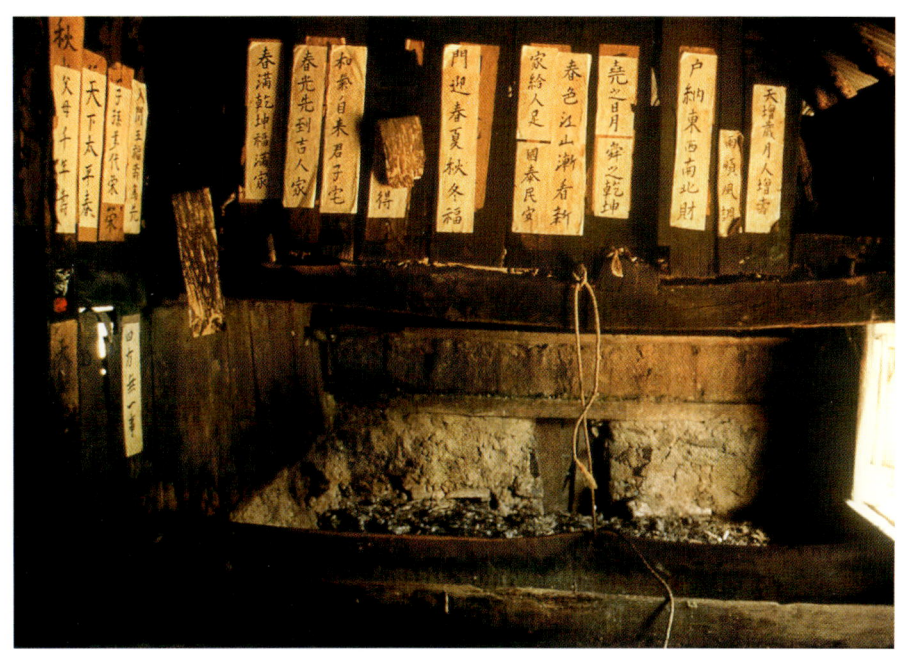

외양간의 입춘첩 우리는 소를 '생구(生口)'라고 불러서 한 가족으로 여겨 왔고 소의 건강을 기원하며 외양간에 입춘첩을 붙여 놓기도 하였다.

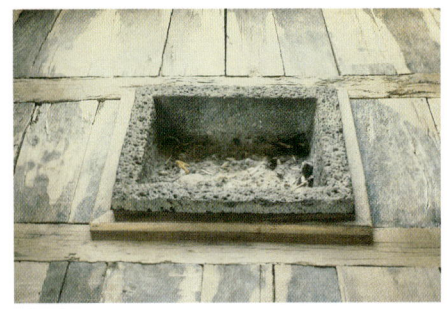

제주도의 부섭 마루 가운데에
네모난 돌을 박고 불을 피워 음식
을 끓이고 보온에도 도움을 받는
다. 이것은 화덕이 마루로 옮겨진
좋은 보기이다.

이에 비해 미음 자꼴의 뙈리집에서는 부엌이 두 개의 방에 각기 딸린다.
안방의 부엌 쪽 벽에 다락을 붙이는 집에서는 다락으로 오르는 턱이 부
엌의 부뚜막 위로 튀어나오게 마련이다. 따라서 밥을 푸거나 하던 주부가
이에 이마받이를 하는 일이 이따금 일어난다. 이에 비해 경기도의 덕적도
를 비롯한 섬에서 같은 자리에 부뚜막 너비만큼의 붙장을 높직하게 달고
간단한 부엌세간을 두기도 하는 것은 매우 합리적인 발상이다.

또 일부 경상도 지방의 상류 가옥에서 다락으로 오르는 턱을 설치하는
대신 부엌 쪽 벽에 발을 걸칠 만한 홈을 마련하여 이것을 딛고 다락으로 드
나들게 한 점도 기억해 둘 필요가 있다. 다락 출입에 불편이 따르는 것은
사실이지만 부엌을 넓고 안전하게 쓰는 이점은 이에 비길 것이 못 된다.

제주도의 부엌은 지금까지 설명한 내륙 지방의 그것과는 크게 다르다.
가장 큰 차이점은 부엌 바닥과 지면이 같은 평면을 이루는 점이다. 기후가
비교적 따듯해서 내륙에서처럼 구들에 불을 넣을 필요가 없기 때문이다.
따라서 부뚜막이 없는 것은 오히려 당연한 일이기도 하다. 제주도 집에 구
들이 들어서기 시작한 것은 100년도 채 되지 않으며 부뚜막도 이 무렵부
터 생겨났다. 솥도 구들 반대쪽에 적당한 크기의 냇돌을 나란히 놓고 그 위
에 걸어 둔다. 솥과 벽 사이의 재를 모으는 데는 '솥뒤광'이다. 솥은 보통 4,
5개를 걸어 두며 크기에 따라 서말치, 두말치, 외말치로 구분된다. 서말치
나 두말치는 메주를 삶거나 메를 지을 때 그리고 외말치는 밥솥으로 쓴다.
이 밖에 국 따위를 끓이는 양은 솥은 '냄비'라 부른다.

일본에 건너간 우리 부엌 문화

　일본 사람의 뿌리가 한국인이라고 말한다면 놀라기보다 믿지 않을 이가 더 많을 것이다. 그러나 이것은 사실이고 이를 밝힌 사람도 일본 학자인 하니하라 가즈로오(直原和郎)이다.

　기원전 3세기에서 7세기에 이르는 천여 년 동안 한국에서는 많은 사람이 일본으로 건너갔는데 그 비율이 1 대 8.6에 이른다고 한다. 말하자면 7세기 일본에는 10명 가운데 약 9명이 한국인이고 일본인은 1명밖에 없었다는 것이다. 그는 이 사실을 발표하면서 '계산한 나 자신도 놀랐을 정도의 엄청난 숫자이고 이 글을 읽는 이는 더욱 놀랄 것'이라는 소감을 적었다. 그의 발표는 현대 일본 사람의 유전자 비율이 동남 아시아계 2에, 북아시아계가 8이라는 유전학회의 계산 결과와도 맞아떨어져서 진실임이 입증되었다.

　또 마쓰모토 히데오(松本秀雄)는 '일본 중부와 한국 남부 지역 사람들 사이의 체질이 비슷하며, 그 차는 한국 남부와 북부 지방 주민 사이에 나타나는 정도'라는 보고를 하였다. 이를 뒤집으면 한국 사람과 일본 중부 지방 사람들의 체질이 같다는 뜻이다.

　6, 7세기의 일본은 실상 백제의 분국이나 다름이 없었다. 시바 료타로오

(司馬遼太郎)는 일본 귀족 학교에서 백제 선생이 백제 말로 강의를 했다고 한다. 또한 '일본'이라는 나라 이름도 백제가 망하고 10년 뒤인 670년에나 나온 것이다. 그 이전에는 나라 이름을 따로 불러야 할 필요도, 이유도 없었기 때문이다.

백제가 나당 연합군의 침공을 받자 의자왕의 동생으로 알려진 제명(齊明) 여왕이 2만 7천여 명의 원군을 보냈다. 당시의 일본 인구 5백 6십만 명에 견주면 이는 실로 어마어마한 숫자이다. 그 반(2백 80만)을 남자로 잡고 노인과 어린이를 다시 반으로 치면 전 인구의 20분의 1이나 되는 병력이 백제를 돕기 위해 나선 셈이다. 그러나 이들은 패망하였고 그 소식을 들은 귀족들은 "백제의 이름이 오늘에 끊겼으니 조상의 무덤에 두 번 다시 못 가게 되었다고 통탄하였다"는 내용이 『일본서기』(663년 9월 7일)에 전한다.

사정이 이러하였던 만큼 우리네의 앞선 문화가 일본에 들어간 것은 당연한 일이다. 그리고 이에 대해서는 많이 알려져 있으나 여러 가지 부엌 문화도 함께 건너간 사실을 아는 이는 많지 않다.

먼저 부엌의 가장 기본적 시설인 부뚜막의 일본 전파에 대한 일본 학자 에쿠안 겐지(榮久庵憲司)의 설명은 다음과 같다. 〔『부엌도구의 역사』(台所道具の歷史) 중에서〕

부뚜막은 외국에서 건너와 처음으로 일본의 부엌에 들어온 것이다. 이처럼 중요한 지위를 차지하는 것이 외국에서 들어오기까지 일본에서 독자적으로 나타나지 않은 것은 아무래도 불가사의한 일이다. 일본 열도의 주민은 부뚜막(かまと)이 반도에서 들어오기까지, 불을 다루기 위해 땅바닥을 파고 이로리(爐)를 설치하는 데까지는 진보하였으나 불을 관리하는 데에 한층 앞선 부뚜막을 만들지는 못하였다. …(중략)… 극히 특수한 재료나 기술이 필요하던가 복잡한 과정을 거쳐야 한다면, 외국

으로부터의 전래에 의해 비로소 나타났다고 해도 납득이 간다. 그러나 부뚜막을 쌓는 데 드는 재료인 돌이나 흙은 (재래의) 화덕과 큰 차이가 없고 구조 또한 그리 복잡할 것이 없다. (외국에서) 들어오자마자 일본 전국에 급속하게 퍼져 나간 것은 이것이 당시 사람들의 요구에 들어맞았기 때문이지만 그러나 누구라도, 어디서든지 쉽게 만들 수 있었음을 일러주기도 한다. …(중략)… 부뚜막 시설로 인하여 열효율이 종래보다 배로 높아진 것도 놀랄 만한 발전이지만, 굴뚝이 생겨나서 위생적인 생활을 누리게 된 것 또한 큰 변혁이 아닐 수 없었다. 밥을 짓는 사람 뿐만 아니라 온 가족이 연기의 그을음에서 해방되었고 또한 검은 장막에서 벗어날 수 있었기 때문이다.

그는 이어서 '붙박이 부뚜막 뿐만 아니라 이동식 부뚜막(우리네의 한뎃부엌)이 들어간 사실'도 밝혔다. "이동식을 들여온 것은 도래민(渡來民)이거나 지배 계급 사람들 사이에 많았던 것으로 보인다. 이것은 부뚜막을 설치할 땅바닥이 없는 다락집〔高床式〕에서도 쓰기에 알맞아서 급속하게 퍼져 나갔다"고 덧붙였다.

지금도 '간 가마도(韓竈)' 또는 '가라 가마도(韓竈)'라 불리는 부뚜막이 바로 그것이다. 이를 본 사람들이 우리 부뚜막에 감탄한 것은 물론이려니와 바로 그 까닭에 부뚜막 신을 모신 한조신사(韓竈神社)를 짓고 해마다 제사를 받들어 온다.

떡을 찌는 방법이나 기구도 우리에게서 건너갔다. 떡을 찌는 그릇인 시루가 일본에 건너가 '세이로'로 바뀌었으며, 지역에 따라 '시이리' 또는 '시리'라고 하는 것을 보면 이를 더 분명히 알 수 있다. 뿐만 아니라 시마네현(島根縣) 잇끼도(隱岐島)에서는 시루떡을 '시루토쿠' 또는 '시루키'라 부른다. 시루가 우리말 그대로인 것은 말할 것도 없고 토쿠 또한 우리말 떡이다.

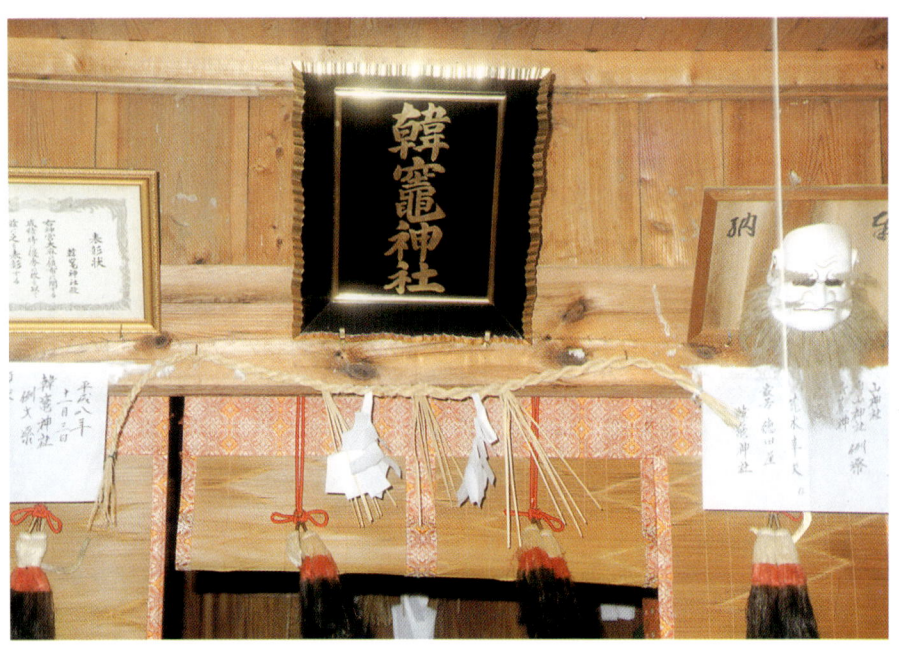

한조신사 우리 부뚜막에 감탄한 일본 사람들은 부뚜막 신을 모신 한조신사를 짓고 해마다 제사를 받들어 온다.

또한 큰 제사나 잔치 때 시루토쿠를 마련하는 풍습도 우리와 같다. 시루토쿠라는 말이 한국인의 집단 거주지인 치바현(千葉縣) 일대에 남아 있는 사실도 기억해 둘 만한 일이다. 밥을 지을 때 쓰는 가마 또는 가마솥이라는 이름은 일본에서도 가마〔釜〕 그대로 남아 있다. 이에 대한 아라이 하쿠세키(新井白石)의 설명을 들어 본다.

옛날에는 부뚜막을 가마라 하였으나 뒤에 솥도 그렇게 불렸으며 결국 부뚜막이 가마도가 되었다. …(중략)… 솥을 가마라 이르는 것은 한어(韓語)의 방언에서 나왔다. 곧 지금도 조선에서는 솥을 가마라 부른다.

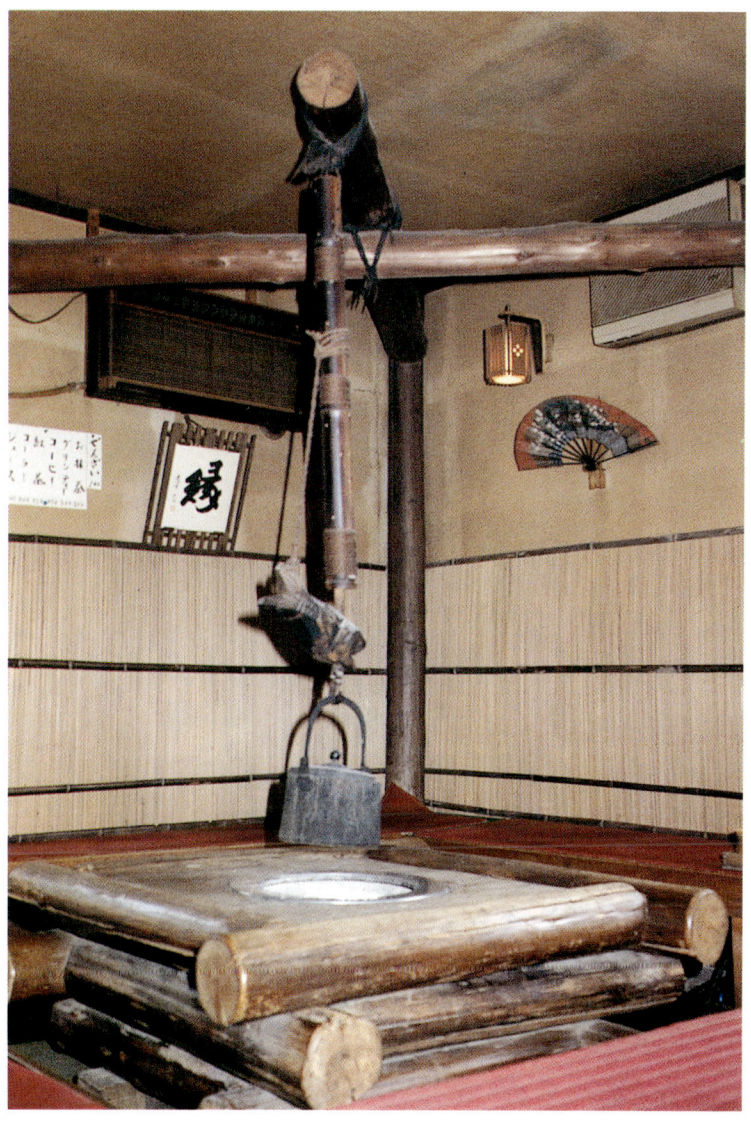

일본의 이로리(爐) 천장에서 내린 나무 끝에 달린 갈고리에 그릇을 걸고 밑에서 불을 피워 익히며 보온에도 도움을 얻는다.

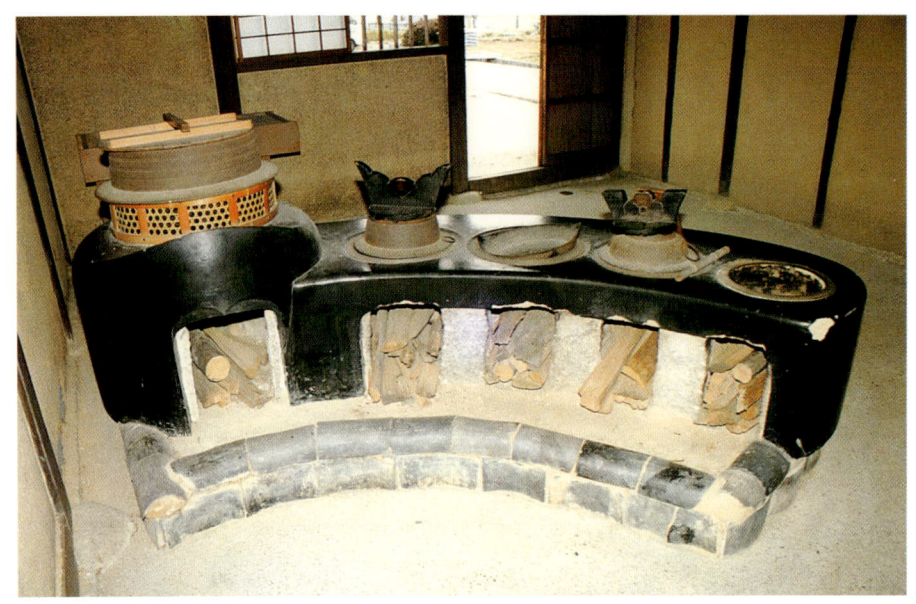

일본의 부뚜막 붙박이 부뚜막 뿐만 아니라 이동식 부뚜막도 일본에 들어갔다. 이것은 부뚜막을 설치할 땅바닥이 없는 다락집에서도 쓰기에 알맞아서 급속하게 퍼져 나갔다.

가마라는 말이 일본에 들어간 것은 매우 오래 전으로 8세기에 나온『만엽집』과 10세기의『왜명유취초(倭名類聚抄)』에도 들어 있다.

부뚜막을 위하는 민속이 우리 겨레붙이들의 터전이었던 이른바 긴끼(近畿) 지방에 남아 있는 것도 우연은 아니다. 예컨대 이 일대에서는 부뚜막을 '오구도(御久度)' 또는 '오구도항'이라 높이 부르고 이곳을 깨끗하고 신성한 장소로 여긴다. 이 밖에 우리처럼 해마다 부뚜막을 덧바르는 민속이 일본에도 전승되는 사실에 대해서는 이미 설명하였다.

그런데 이에서 더 나아가 '구도'라는 말이 우리네 굴뚝에서 나왔다는 설을 내세운 일본 학자 나까다 가오루(中田 薰)의 설명은 주목된다.〔『일한양국어의 비교연구(日韓兩國語의 比較研究)』중에서〕

오늘날에는 부뚜막을 구도라 이르지만 이것은 말 뜻이 바뀐 결과로, 예전에는 굴뚝〔煙突〕을 이렇게 불렀다. 한어를 보면 구도와 비슷한 말이 있다. 곧 굴뚝이라는 말이다. …(중략)… 굴뚝은 발음이 구도와 비슷할 뿐만 아니라 그 의미에 있어서도 구도의 본뜻과 일치한다. 생각컨대 구도와 굴뚝은 본디 서로 관계가 있던 말로서, 그 관계가 이루어진 것은 고대의 일이었다.

실제로 우리는 17세기에 굴뚝을 '굴ㅅ독'으로 적었으며 구도는 이 말의 받침이 떨어져 나간 형태인 것이다.

굴뚝신을 모신 신사가 있고 이곳의 제신(祭神)이 백제 사람이며 이에 연관된 유물(솥)이 있는 사실은 이만저만 흥미로운 일이 아니다. 신사의 이름조차 구도신사(久度神社)로서, 나라현(奈良縣) 오오지정(王寺町)에 있다. 구도신사가 위치한 인근 지역 히라군(平郡), 이코마(生駒) 등지는 예로부터 백제계 사람들이 집단적으로 살아왔던 만큼, 이 신사의 주신(主神)이 백제 사람인 것은 자연스런 일이다.

뒤에 설명하듯이 일본의 서민들은 새롭고 신기한 것이나 저들의 생활에 큰 이익을 가져다 준 것은 모두 신으로 떠받들어 오고 있다. 그만큼 정직한 사람들이기도 하다

음식을 익히거나 끓이는 데에 쓰는 냄비가 일본에 건너가서 '나베'가 된 사실은 오오노 스스무(大野晋)가 『일본어의 기원(日本語の起源)』에서 설명하였다.

일본 역대 궁중의 보물을 모아둔 쇼소인에 뚜껑과 함께 보존되어 오는 여러 벌의 밥그릇은 신라시대의 것으로 그 이름 '사하리(佐波理)'는 경상도 지방의 사투리인 '사바리' 또는 '사바루'에서 비롯되었다. 우리는 남자 밥그릇을 주발, 여성용은 바리라 하며 사기로 만든 것은 사발이라 부르는 것이다.

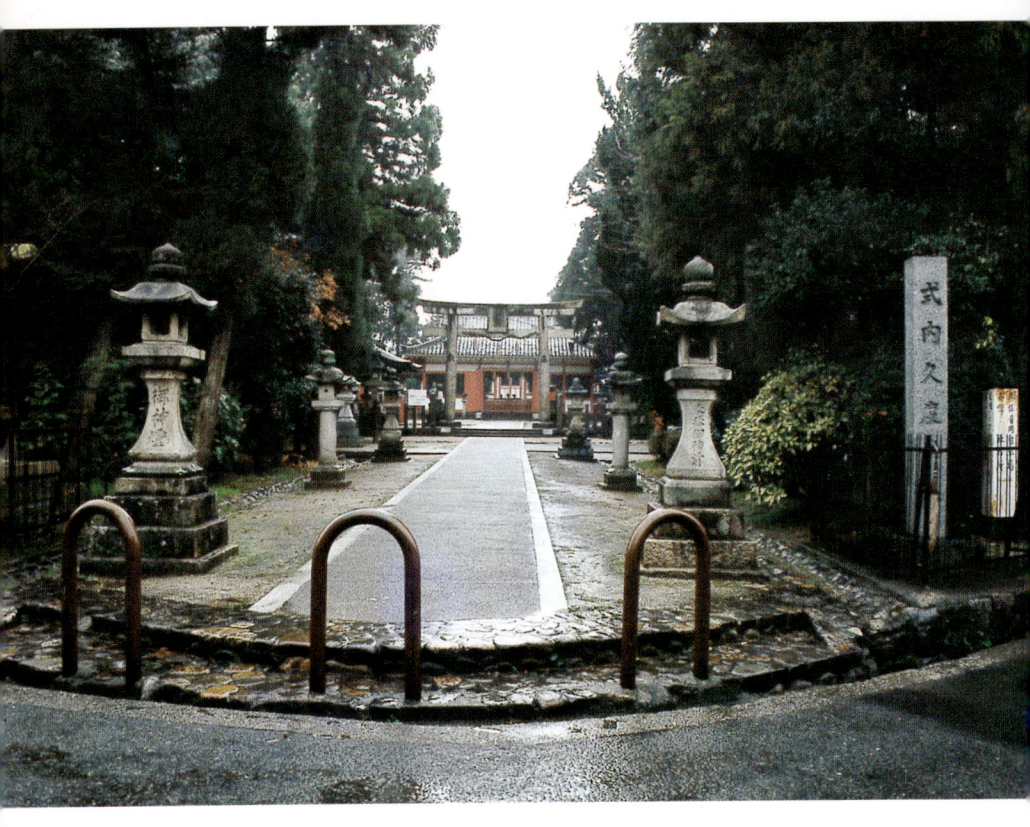

구도신사　나라현 오오지정(王寺丁)의 굴뚝신을 모신 구도신사(久渡神社)이다. 이곳의 제신 (祭神)은 백제 사람이며 이와 연관된 유물인 솥도 있다.

쇼소인에는 이 밖에 4백 수십 개의 식기류와 약 7백 개의 접시가 있는데 이에 대한 평가는 다음과 같다.

이러한 사하리제(佐波理製) 식기는 모두 고급품으로서 우리나라에서는 나라시대(奈良時代)에 주로 궁정이나 사원에서 쓰였다. 사하리제 식기를 쓰는 생활 관습은 특히 조선 반도에서 발달하였고, 쇼소인의 많은 사하리제 식기도 반도에서 만들어져서 수입된 것으로 보인다.(正倉院 事務局 監修, 『正倉院』, 1993.)

일본 사람의 일생은 '젓가락으로 시작해서 젓가락으로 끝난다'는 말이 있을 정도로 젓가락은 식사 문화에 큰 비중을 차지한다. 그러나 이것이 공식 제도화된 것은 7세기 이후의 일이며 저들은 본디 오늘날의 인도 사람들처럼 손으로 음식을 집어 먹었다. 앞에서 든 대로 밥그릇이 우리에게서 건너갔던 만큼 숟가락과 젓가락도 따라 들어갔다.

일본에서 젓가락을 쓰기 시작한 것은 3~7세기의 일로 잇시키 하치로우(一色八郎)는 『젓가락의 문화사(箸の文化史)』에서 '그 계기가 된 것은 불교의 전래에 따른 식사법이었다'고 주장한다. 일본에 불교를 전한 것은 백제 사람들이므로 젓가락이 이 무렵에 일본으로 들어간 것은 틀림없는 일이다.

그리고 숟가락을 가리키는 일본 말 '사지'는 우리네 '사시'가 그 뿌리이다. 우리도 예전에는 숟가락을 사시라 불렀고 오늘날에도 사기로 만든 것은 '사시 숟가락'이라 일컫는다. 더구나 신라시대의 숟가락이 쇼소인에 보존되어 오므로, 이 이상의 설명은 불필요하다. 다만 한 가지 덧붙이고 싶은 것은 나라현 사꾸라이시(樓井市)에 있는 272미터에 이르는 전방후원분(前方後圓墳, 4~5세기)을 '젓가락 무덤(箸の墓)'이라 부르는 점이다. 이것은 굴뚝신사처럼, 일본 서민들의 외래 문화에 대한 숭배의 관념을 알려

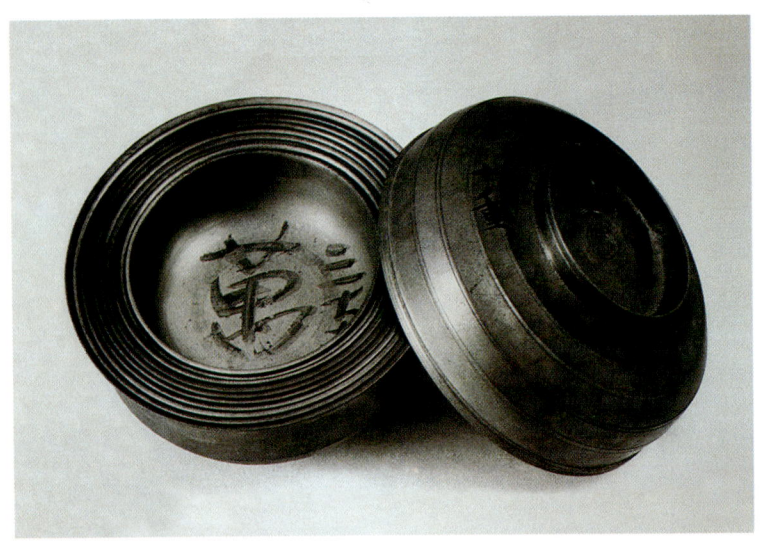

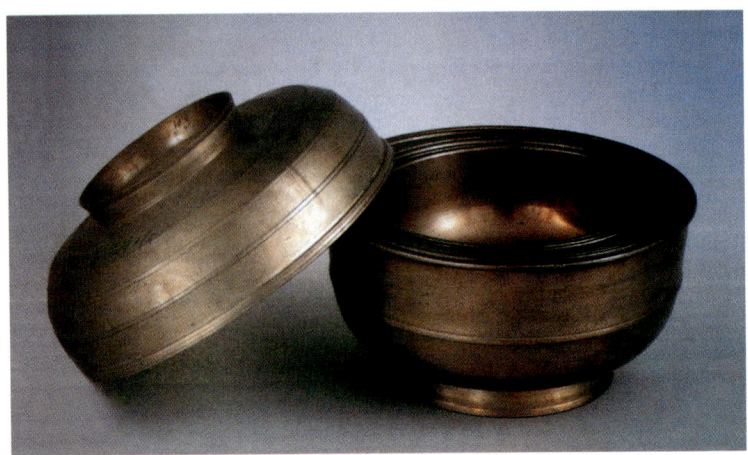

신라시대 밥그릇 일본 역대 궁중의 보물을 모아둔 쇼소인에는 여러 벌의 밥그릇이 뚜껑과 함께 보존되어 있으며 이 밖에도 4백 수십 개의 식기류와 약 7백 개의 접시가 있다. 그 밥그릇 의 이름 '사하리'는 경상도 지방 사투리인 '사바리' 또는 '사바루'에서 비롯되었다.(맨 위, 위)

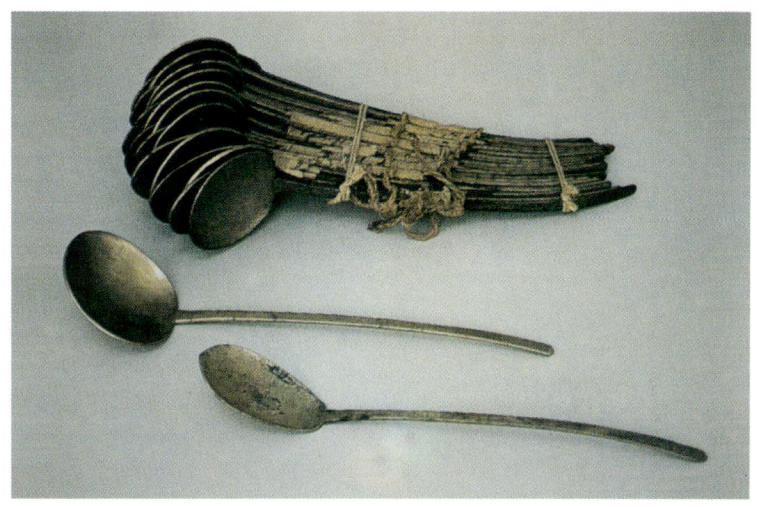

신라시대 숟가락　일본 쇼소인에 보존되어 오는 숟가락이다. 숟가락을 가리키는 일본 말 ‘사지’는 우리네 ‘사시’가 그 뿌리이다.

주는 좋은 보기이다.

　칼과 도마가 각기 다른 시기에 일본에 들어간 것도 지금 생각하면 매우 우스운 일임에 틀림없다. 에쿠안 겐지는 『부엌도구의 역사』에서 도마가 나라시대(8세기)에 들어갔으며 그 전까지는 칼날이 위로 향하도록 단단히 세운 다음 자를 것을 손에 쥐고 그 위로 밀었다고 하였다. 그리고 그는 땅을 깊이 파고 우물을 만드는 기술도 우리에게서 건너갔다고 덧붙였다.

맺음말

근래에 들어와 서양 문명의 영향으로 우리네 부엌에도 큰 변화가 일었다. 안방 한쪽에 딸려 있던 부엌이 집 한가운데의 거실 옆으로 오면서, 거실을 포함한 집안의 중요 공간을 모두 아낙이 차지하게 되었다. 뿐만 아니라 이곳에는 냉장고, 믹서, 전자 레인지, 가스 테이블, 전기 밥솥, 토스터, 커피 메이커 따위가 잔뜩 들어앉았고 설거지 기계를 들여놓은 집 또한 적지 않다. 그리고 부엌이라는 이름도 이제는 주방으로 바뀌고 말았다.

예전의 주부들은 음식을 솜씨로 만들었다. '음식 맛은 손끝에서 난다'는 말이 그것이다. 이 때문에 집집마다 맛이 다르게 마련이었다. 그러나 이제는 앞에서 든, 전자 설비들이 대신한다. 주부들은 이들을 관리하는 기술만 익히면 그만이다. 음식을 만드는 데에 정성이 끼어들 틈도 없다.

그나마 많은 돈을 들여, 최신 시설을 갖추어 놓고도 음식을 직접 만드는 주부의 수는 점점 줄고 있다. 그네들은 '값이 싸고 손도 들지 않는다'는 이유를 내세워, 밑반찬은 물론이고 나물이나 부침개조차도 사 먹이려 든다. 요즈음 어린이들은 부엌 냄새가 무엇인지도 모를 뿐 아니라, 그것이 어머니 냄새와 같다는 사실을 꿈에서조차도 눈치채지 못할 것이다.

참고 문헌

榮久庵憲司, 『台所道具の歴史』, 柴田書店, 1976.
一色八郎, 『箸の文化史』, 御茶の水書房, 1993.

김광언, 『한국의 주거민속지』, 민음사, 1988.
김광언, 『김광언의 민속지』, 조선일보사, 1995.

빛깔있는 책들 101-33

한국의 부엌

글	―김광언
사진	―김광언
발행인	―장세우
발행처	―주식회사 대원사
편집	―김분하, 연인숙, 김옥자, 최은희
미술	―최효섭, 여혜영
기획	―조은정, 김수영
총무	―이훈, 이규헌, 정광진
영업	―김기태, 강성철, 문제훈, 이수일, 안태경, 박경이
이사	―이명훈
첫판 1쇄	―1997년 4월 10일 발행
첫판 4쇄	―2003년 12월 31일 발행

주식회사 대원사
우편번호/140-901
서울 용산구 후암동 358-17
전화번호/(02) 757-6717~9
팩시밀리/(02) 775-8043
등록번호/제 3-191호
http://www.daewonsa.co.kr

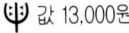 값 13,000원

Daewonsa Publishing Co., Ltd.
Printed in Korea(1997)

ISBN 89-369-0195-8 00380

빛깔있는 책들

민속(분류번호 : 101)

1 짚문화	2 유기	3 소반	4 민속놀이(개정판)	5 전통 매듭
6 전통 자수	7 복식	8 팔도굿	9 제주 성읍 마을	10 조상 제례
11 한국의 배	12 한국의 춤	13 전통 부채	14 우리 옛악기	15 솟대
16 전통 상례	17 농기구	18 옛다리	19 장승과 벅수	106 옹기
111 풀문화	112 한국의 무속	120 탈춤	121 동신당	129 안동 하회 마을
140 풍수지리	149 탈	158 서낭당	159 전통 목가구	165 전통 문양
169 옛 안경과 안경집	187 종이 공예 문화	195 한국의 부엌	201 전통 옷감	209 한국의 화폐
210 한국의 풍어제				

고미술(분류번호 : 102)

20 한옥의 조형	21 꽃담	22 문방사우	23 고인쇄	24 수원 화성
25 한국의 정자	26 벼루	27 조선 기와	28 안압지	29 한국의 옛 조경
30 전각	31 분청사기	32 창덕궁	33 장석과 자물쇠	34 종묘와 사직
35 비원	36 옛책	37 고분	38 서양 고지도와 한국	39 단청
102 창경궁	103 한국의 누	104 조선 백자	107 한국의 궁궐	108 덕수궁
109 한국의 성곽	113 한국의 서원	116 토우	122 옛기와	125 고분 유물
136 석등	147 민화	152 북한산성	164 풍속화(하나)	167 궁중 유물(하나)
168 궁중 유물(둘)	176 전통 과학 건축	177 풍속화(둘)	198 옛 궁궐 그림	200 고려 청자
216 산신도	219 경복궁	222 서원 건축	225 한국의 암각화	226 우리 옛도자기
227 옛 전돌	229 우리 옛 질그릇	232 소쇄원	235 한국의 향교	239 청동기 문화
243 한국의 황제	245 한국의 읍성	248 전통장신구	250 전통 남자 장신구	

불교 문화(분류번호 : 103)

40 불상	41 사원 건축	42 범종	43 석불	44 옛절터
45 경주 남산(하나)	46 경주 남산(둘)	47 석탑	48 사리구	49 요사채
50 불화	51 괘불	52 신장상	53 보살상	54 사경
55 불교 목공예	56 부도	57 불화 그리기	58 고승 진영	59 미륵불
101 마애불	110 통도사	117 영산재	119 지옥도	123 산사의 하루
124 반가사유상	127 불국사	132 금동불	135 만다라	145 해인사
150 송광사	154 범어사	155 대흥사	156 법주사	157 운주사
171 부석사	178 철불	180 불교 의식구	220 전탑	221 마곡사
230 갑사와 동학사	236 선암사	237 금산사	240 수덕사	241 화엄사
244 다비와 사리	249 선운사			

음식 일반(분류번호 : 201)

60 전통 음식	61 팔도 음식	62 떡과 과자	63 겨울 음식	64 봄가을 음식
65 여름 음식	66 명절 음식	166 궁중음식과 서울음식		207 통과 의례 음식
214 제주도 음식	215 김치	253 장醬		

건강 식품(분류번호 : 202)

105 민간 요법   181 전통 건강 음료

즐거운 생활(분류번호 : 203)

67 다도	68 서예	69 도예	70 동양란 가꾸기	71 분재
72 수석	73 칵테일	74 인테리어 디자인	75 낚시	76 봄가을 한복
77 겨울 한복	78 여름 한복	79 집 꾸미기	80 방과 부엌 꾸미기	81 거실 꾸미기
82 색지 공예	83 신비의 우주	84 실내 원예	85 오디오	114 관상학
115 수상학	134 애견 기르기	138 한국 춘란 가꾸기	139 사진 입문	172 현대 무용 감상법
179 오페라 감상법	192 연극 감상법	193 발레 감상법	205 쪽물들이기	211 뮤지컬 감상법
213 풍경 사진 입문	223 서양 고전음악 감상법		251 와인	

건강 생활(분류번호 : 204)

86 요가	87 볼링	88 골프	89 생활 체조	90 5분 체조
91 기공	92 태극권	133 단전 호흡	162 택견	199 태권도
247 씨름				

한국의 자연(분류번호 : 301)

93 집에서 기르는 야생화		94 약이 되는 야생초	95 약용 식물	96 한국의 동굴
97 한국의 텃새	98 한국의 철새	99 한강	100 한국의 곤충	118 고산 식물
126 한국의 호수	128 민물고기	137 야생 동물	141 북한산	142 지리산
143 한라산	144 설악산	151 한국의 토종개	153 강화도	173 속리산
174 울릉도	175 소나무	182 독도	183 오대산	184 한국의 자생란
186 계룡산	188 쉽게 구할 수 있는 염료 식물		189 한국의 외래 · 귀화 식물	
190 백두산	197 화석	202 월출산	203 해양 생물	206 한국의 버섯
208 한국의 약수	212 주왕산	217 홍도와 흑산도	218 한국의 갯벌	224 한국의 나비
233 동강	234 대나무	238 한국의 샘물	246 백두고원	

미술 일반(분류번호 : 401)

130 한국화 감상법	131 서양화 감상법	146 문자도	148 추상화 감상법	160 중국화 감상법
161 행위 예술 감상법	163 민화 그리기	170 설치 미술 감상법	185 판화 감상법	
191 근대 수묵 채색화 감상법		194 옛 그림 감상법	196 근대 유화 감상법	204 무대 미술 감상법
228 서예 감상법	231 일본화 감상법	242 사군자 감상법		

역사(분류번호 : 501)

252 신문